土方歳三の焼き餅

網代 栄

はじめに

新選組といえば、ふつう、まず近藤勇《いさみ》であり土方歳三《としぞう》、沖田総司《そうじ》らが思い浮かぶであろう。私も全くそうであったが、２０２０年９月に『烈丈夫の男たち―新選組残映』（文芸社）を上梓した際に、彼ら以外にも数多くの琴線に触れる隊士の存在を知った。

そして、新選組には隊士にまつわる謎がいくつもあり、それらの多くが研究者やマニアの精力的な調査をもってしても、今でも謎のままなのだ。その中の一つに隊士というより、土方に近習した市村鉄之助という少年がいる。

彼に関する文献は少なく史料も少ない。私は市村の存在を、司馬遼太郎の『燃えよ剣』で知った。彼が土方の命で、箱館から落ちて日野を訪れたエピソードは感涙ものである。だが、小説だから脚色されているのは当然として、一体どこまでが事実でどこからがフィクションなのかが混沌としてくるのだ。

市村に限らず、新選組には今にして多くの謎があることは先述したが、それは新選組のアカデミックな研究者や郷土史家、市井のマニアを悩ませるのである。それを一新選組ファンの立場から、解けない謎を謎として考えてみたのが本書である。そして、市村が日野の佐藤、土方両家を訪れ土方の遺品を届けたことを前提とした。

第二章は、坂本龍馬暗殺事件の謎を追ってみた。事件直後は「新選組の仕業」と噂されたが、明治に入ってすぐ「京都見廻組」の刺客団による犯行と、ほぼ断定された。しかし、誰が見廻組に命じたかは、やはり現代に至るまで諸説入り乱れ謎のままである。

それら諸説の中には、信じられない人物の名前が出てくる。曰《いわ》く松平容保《かたもり》、西郷、岩倉……などは、当時の政治情況を具《つぶさ》に見ていけば全くあり得ない。それを論証しようとしたのが第二章である。

最後の第三章では伝説化した西郷と勝会談による〝江戸城無血開城〟の真相を探ってみた。確かにあまたの文献が、二人の会談で江戸が戦火の海にならずに済んだ、としている。だが、二人の会談は今日《こんにち》で言えば和平調停案に最終的に合意した、ということではなかったか……。

そこに至るまでの新政府軍と徳川家との虚虚実実の駆け引きがあったことは、あまり表に出されてこなかった。西郷―勝会談より前に、山岡鉄舟や皇女和宮、天璋院（篤姫）らの徳川家救済を図る必死の工作があったからこそ無血開城が成ったと知る人は少ないのではないか。少なくとも、私は全く知らなかった。こうしてみると、図らずも駿乱の幕末から明治維新に至るまでの裏面史を学ぶことになったようである。

目次

1　土方歳三の焼き餅

新選組の〝鬼の副長〟と京の街で恐れられた土方歳三は、箱館に渡ってから人が変わった。京都時代と違って、まるで柔和になったという。ただし、新政府軍との戦闘になると、やはり鬼の副長に戻ったが、部下にする目差しが格段に柔和になった。

土方は天成の〝喧嘩師〟であったが、ロマンチストでもあり、「豊玉《ほうぎょく》」という俳号で句集を郷里の日野に残している。そして、もう一つ意外な趣味があった。京都時代のある夜、古参隊士の一人との会話である。

「それにしても、トシさんはもちを焼くのが好きだなぁー」

「家で正月の三が日の朝、雑煮のもちを家の者分焼くのが、子どもの頃の役目だった。そう、4、50は焼いていただろう」

「なに4、50……そうか、トシさんの家はお大尽と呼ばれるほどの名主様だものなぁー。使ってる者も半端じゃなかろう」

「うむ。それに一人一人に好みがあってなぁー。かたいの、やわいの。焦げめをつける、つけるな……色々と焼き分けるのが面白くなったものよ」

「なーるほど。その時分からトシさんは人の見分けをしてたってか。どおりで、隊士の使い分けがうまいわけだ」

「なーに、それとこれは別物よ」

そんな京都時代の一夜を思い起こし、土方は今、箱館五稜郭本営の自室にいる。5月に入るというのに、蝦夷地の春は遅い。時には片付けさせた手焙りを、小姓に持ってこさせる日もある。

この夜は火を起こし金網をのせ、金箸で好物のもちを焼いていた。3つ4つを一度に焼くので、しばしば焼き面を返すのに忙しい。油断するともちがふくれてくっつき、ほどよい焦げ目がつかない。そんな手仕事が、ふと戦略を練るのに似ている気がしてくる。これはあっちに、それはこっちに、これを裏返しそれを元に戻して……。

程よく焼けたもちを手にとりフーフーと冷まし、そのまま何もつけずに熱々をほおばるのが好きなのだ。しょう油をつけると、もち本来の風味が落ちるような気がした。さくさくと噛みしめながら、戊辰の戦いも幕を降ろす時が来た、とひしひし感じる。

思えば甲州勝沼から敗走して以来、時世が急速に新選組を必要としなくなった。甲陽鎮撫《ちんぶ》隊とたいそうな隊名がついたが、内情は烏合の衆で惨敗を喫した。江戸になんとか帰還したが、そこはもはや15代将軍・康喜の恭順一色の街と化し、居場所がなくなっていた。

それでも再起を期し流山に駐屯したものの、そこも新政府軍にたちまちかぎつかれてしまった。結局、近藤一人が投降しほどなく板橋で斬首された。いくら幕府侍の矜持とはいえ、もはや新時代への回天は何人も止められない。

土方はそれを承知の上で、近藤の無惨な屈辱的な斬首を思うと、その無念を晴らさねば近藤に申し訳が立たぬの一念で、言わば新政府軍に仇討を挑んでいったのである。火力、兵力、兵站……いずれも新政府軍に及ばないことは分かりきっていた。

近藤と流山で別れて以降、土方は次第に新選組と距離を置いていく。すでに近藤と共に作り上げた新選組は消滅した、と思い定めたからである。新装の新選組は京都時代とは全く違った混成部隊となり、土方は旧幕府脱走陸軍（旧幕府軍）の軍人として、近藤に続き幕府侍を全うしようとしていた。

もちがプクッーとふくれ笑いかけるように見えて我に返り、小姓の市村鉄之助を呼び寄せた。

「おーい鉄之助、おるか」

「はあ、副長ただいま」

「鉄之助よ、まだ副長と呼ぶか。もう副長ではないぞ。さて、いま少しもちを持て」

「はぁ、持ってまいります副長。私にとって土方様は、今でも副長であられます」

これには少し説明がいる。本来なら鉄之助のような少年が、王城の地に良くも悪くも名をとどろかせた新選組の副長・土方歳三の小姓などに採用されるはずもない。市村は美濃（岐阜）大垣藩士の三男に生まれた。れっきとした士分の子で、この点は土方も及ばない。たとえ名主並の富農であろうと、土方の出自は紛れもなく農民である。

生まれながら武士の子を、ことさら愛でて小姓としたのは、土方の生粋の武士に対する屈折した思いが反映したのかもしれない。ところが、市村が幼少時に父が不祥事を起こし、一家もろとも放逐されてしまった。いかなる事件だったかは不明だが、士分剥奪されたも同然で、その後の親族を頼っての流転の日々は、忍従の連続であったろう。

その逼塞から逃れるように、市村（以下鉄之助）は兄に従い、慶応3年（1867）の暮れ、鳥羽・伏見の開戦が迫った頃に上洛し新選組に入隊したのである。その時、鉄之助は15だったという。新選組の隊士募集といえば、全盛時代は武名の知れた者が採用されていたが、幕府瓦解寸前のこの時期は、彼のような武名なき少年も、まま採用されたのである。

また、土方が鉄之助に美男の沖田総司の面影を見て採ったという伝説もあるが、どうだろうか。なぜなら、総司は伝わるほどの美男ではなかった可能性が高い。新選組初期の屯所となった壬生の八木家の子息が、子母澤寛に語ったところによると、沖田は下ぶくれで野暮ったい中年男のようだったという。残念ながら沖田の写真は見つかっていないが、伝えられた肖像画では確かにそうだ。

鉄之助が入隊した頃は、沖田は当時の死病とされた結核が悪化し、もう一番隊隊長としての職責は果たせなくなっていた。彼は新選組の名を知らしめた〝池田屋事件〟の際に喀血した可能性が高く、すぐに戦闘不能となってしまった。それ以来、病状は刻々と悪化し剣士としての活躍は望めなくなった。

それでも、土方にとって沖田は実の弟ともいうべき存在である。両親を早くに亡くし（亡父は白河藩士）た沖田の母親代りとなった姉の光《みつ》から、浪士隊として上洛する際に、土方は、

「くれぐれも総司を頼みます」

と懇願された。

その沖田が死病にとりつかれてしまったのである。彼は天才肌の剣士で、剣をふるうと人が変わったと言われたが、生来すこぶる優しく童子のようであったという。壬生寺で、よく子ども達と隠れんぼなどをして遊んでいた、と八木家の子息が子母澤寛に語っている。しかし、一度《ひとたび》血なまぐさい死闘の場に臨むと、有無を言わさず一刀の下に斬り捨てる可烈さとの二面性が、現代でも多くの婦女子の心をとらえて止まないのであろう。

しかも一言言えば十分《じゅう》かるといった風で、土方は隊命を下す際、総司にはくどい説明はしなかった。ただ一言、「〜を斬れ」。そんな資質を、土方は鉄之助に感じたのではないだろうか。決して容姿だけで、入隊を許したとは思えない。土方は鉄之助を、

「すこぶる勝気、性また怜利」

と評したことからも、それはうかがえる。

一方、鉄之助にとって土方は父にまつわる忌わしい過去を払拭してくれた大恩人で、新選組副長以外の何者でもない。

「副長、副長とお前も頑固だなぁー。まあ、それもよしとするか。だがな、これから申し渡すことに異議は許さん。今生の命と思って聞けぇー」

「はあ、何事でしょうか……」

「明日、隊より落ちよ。そして本土に渡り、我が在所・日野の姉みつが嫁いだ佐藤彦五郎宅ま

で走れ。彦五郎は我が義兄だ」

「何をおっしゃいます。この期に及んで、お傍を離れることなどできません」

「よく聴け、鉄之助。間もなく敵は海陸から総攻撃を仕掛けてくる。火力も兵も兵站もままならぬ我が軍に、もはや勝機はない。何も死に急ぐことはない。お前には明日がある。隊から落ちて、我が戦いの軌跡を詳細に伝えてくれ。近藤のもとには己一人が行けばよい」

「いえいえ、副長が陣頭指揮をとれば、二股の時と同じく必ず勝利をおさめます」

「そうよな、二股はうまくいった。少ない手勢で奇襲を仕掛けて一泡吹かせたが、あれは一度限りのものよ。長期戦となれば、もう我が軍はもたぬ。敵の物量は凄まじい。総攻撃をかけられたら、一日ももたん」

「何と言われようと、お傍を離れません」

「まだ言うか。今や時代は回天し誰も止められぬ。お前はまだ16。新しい世で生きていくのだ。戦の時代の終わりはもはや明らか。召されるのは我らのみ。お前らは新しい世の生き証人となれ。お前が死んだら、誰が己の幕府侍の最後の姿を伝えるのか。お前が語り部となり、日野に伝えるのだ」

「いやです、いやです……」

「いい加減にせい。命に従わぬのなら、この場で切り捨てる」

と言うやいなや、刀掛けから愛刀の〝和泉守兼定〟をつかみとり、鞘を滑らせ抜き身をぎらつかせた。

鉄之助は土方の気迫に呑まれ、斬られると思ったであろう。京都以来、常に土方に近習し〝鬼の副長〟の姿を間近に見てきたからである。彼には命に従う選択肢しかなかった。とは言え、鉄之助が江戸から北関東、そして会津、仙台を経て箱館までどのような形で小姓として土方に仕えていたのかを示す史料はほとんどない。

土方は言う。

「ここにこれまでの行状を記した書状がある。在所の日野の義兄・佐藤彦五郎宅に届けよ。写真と一振りなども添える。お前の行く末は、必ずや彦五郎が案じてくれよう。何も心配せずともよい」

鉄之助はうなだれ涙にかすむ目で、土方を見上げるしかなかった。すると、土方は鬼から慈母の如くの眼差になり、

「さて鉄之助。今少しもちを焼くから、たらふく食え。しょう油はつけるなよ。今生の別れもちだ……」

土方は器用な手つきで金網にもちを数個並べ、時を見て裏返しながら、細細《こまごま》と鉄之助に道中の指示を与えた。この翌日に、鉄之助が五稜郭本営から姿を消したのかは定かではない。

明治2年(1869)5月11日の朝を迎えた。この日こそ、箱館市街戦の激闘が展開された日だ。土方が予期したとおり、新政府軍の海陸からの総攻撃で旧幕府軍は総崩れとなり、新選組は弁天台場に孤立した。土方は新選組を救おうと一本木関門に出張ったが、騎乗指揮中に銃弾を浴び34年の生涯を閉じた。享年、近藤勇と同じである。

敗戦濃厚となり、五稜郭本営は混乱を極めていた。敗戦処理等で忙殺される中、誰からともなく声が上がる。

「鉄之助、鉄之助はどこにおる。土方様が亡き骸となって帰営されたというのに……小姓のお前は何をしているんだ、出てこい!」

「そういえば、今朝も姿がなかった。片時も離れまいとする土方様命の鉄之助にしては解せぬことよ」

つまり、土方の鉄之助への密命は彼ら二人のみが知ることとであったのであろう。ところが、その後の鉄之助の足どりを明らかにする史料は、ほとんどないのである。特に江戸に帰還してから日野に現れるまでの足跡が謎なのだ。彼がどのようにして本土に渡ったのかは分かっている。もちろん、わずか16際の少年が何の伝《つて》もなく津軽海峡を渡れるわけがない。しかも少年とはいえ、元新選組副長の小姓を務めていたのである。

やはり、土方の然るべき差配があったのだ。京都以来の縁で、大阪の豪商・鴻池善右衛門の箱館築島支店の手代（支配人）となった大和屋友二郎を通じ、英国商船に鉄之助を乗せたのである。友二郎は大の土方シンパであった。なお、当時の航程だと品川沖まで最短4日で行けたという。この日数が謎で、未だに解けていない。

そもそも、土方と鴻池にどんなつながりがあったのか。ことは新選組草創期の文久年間（1861〜1863）に遡る。当時は佐幕派と尊攘激派の対立が激化し、血生臭い〝天誅〟暗殺事件が多発した。人斬り包丁が京の巷に乱舞していたのである。時代は長州勢の思うがままに動いていくのか、と思われた。

しかし、志士や浪士一団の中にはただ時流に乗り、確たる理論武装もなく訳も分からず「尊皇だ、攘夷だ、天誅だ」などと咆哮するだけの浮浪も多かった。まさに乱世の世で一旗挙げようとする不逞の輩である。

西南雄藩（主に薩長士）も、そんな彼らに祇園やその他の花街《かがい》で只酒を呑ませていたわけではない。今や政治的首都となった京都で、いざ倒幕から討幕となった際の傭兵として飼い馴らしていたのだ。傭兵というなら、新選組もまたそうであったと言える。落日迫る江戸の幕閣連にしてみれば、何せ将軍慶喜は江戸ではなく、京都に釘付けで満足に話しもできない。将軍はもう天下に号令を発することはできず、朝廷の顔色をうかがわざるを得ないのである。

幕閣連といえども、その大半は格式と因襲にしばられ武芸を怠る譜代大名や旗本が多く、とても京都の治安回復に尽力は期待できない。そこに、浪士集団とはいえ幕府侍の如き新選組が出現し、対尊攘激派のテロ対策部隊として懐柔したのである。

当時としては異例の新選組への現金給付は幕府からの支出であり、それを新選組を預かる形となった会津藩（松平容保）を通じて支給していたのだ。まさに、幕府公認の傭兵集団であった。だが、結局、尊攘激派の志士や新選組も時の権力者から使い捨てにされる運命となった。

そんな彼らは一時《いっとき》、今で言えば新橋辺りで毎夜、会社や上司への不満を募らせ居酒屋でおだをあげていた勤め人が、一夜にして高級クラブでレミーマルタンやドンペリをポンポン開けさせる身分になったということか。一度知った酒池肉林の味は、そうたやすく手放せるものではない。手元不如意となれば多額の金子《きんす》を、京や大阪の富商を恫喝し出させる。

大阪の豪商として落語のネタにもなった摂津（大阪）の両替商・鴻池善右衛門。鴻池もほどなく尊攘浪士に狙われた。

「お国の為である」

と言えば聞こえはいいが、その実は呈のいい〝御用盗〟で、ゆすりたかりの類。

文久3年（1863）といえば新選組誕生の年、その初夏、鴻池の京都支店に賊が入ろうとしていた。だが、この日の彼らには運がなく、相手となったのは新選組の名うての剣客達である。度重なる御用盗事件で、京の主だった商家の依頼で新選組は市中巡回を強化していたのだ。

事の是非はともかく、商家にとっては彼らほど心強い〝用心棒〟はいない。この日、局長の近藤自ら沖田、山南ら隊内の名立たる剣客を卒いて出張っていた。鴻池に入ろうとする浪士一団を彼らは一刀の下に切り捨てた。これ以来、鴻池では新選組を頼むところ大となり、一大スポンサーとなったのである。

天誅吹き荒れ出した京の巷の用心棒代として、さほどの出費とは思わなかった鴻池の豪商としての証しでもあろう。が、御用盗と言うなら新選組も、一面、そうであった。

隊の運営費と称して、実は遊興費を富商や豪商からかなりの額を引き出させていた。もっとも芹沢鴨（近藤と並ぶ局長）はそれが過ぎて、近藤の試衛館一派によって暗殺されたのだが……。それは明らかに

「勝手に金策すべからず」

とした隊規違反である。

その後、新選組幹部達が大阪へ浪士狩りで出向いた際、鴻池では下にも置かぬ扱いで接待したという。一節では、この時に例のトレードマークとなった浅黄色の山形だんだら模様の羽織や、近藤愛用の〝徹鉄〟一振りを贈ったとも言われている。

この厚情は土方が箱館に渡っても変わらず、大阪の本店から箱館・築島支店の手代に「土方様の面倒を最後まで見よ」

との通達が出たほどだ。その手代が土方シンパの大和屋友二郎。彼が支店を訪れた土方に言った。

「承知しました。鴻池が承った上は、市村様の乗船その他一切を、友二郎がお引き受け致します。御心配には及びません、万事お任せ下さい」

「ほぉー、ずいぶんだのぉー。その自信どこからくる。我が軍は榎本総督以下、今や皆降伏に傾いておるぞ。所詮、幹部の者は旧幕での位が高くとも、命のやりとりをする実戦の経験を積んでおらん……」

「それはお武家様のことで、手前ども商人には昨日も明日もありません。ただ目の前の今日を生きるばかりです。今や諸国のお殿様の台所は火の車で、手前どもの大名貸しが御破算とあいなり、もはや何でも商わなければ今日を凌げません」

「そうか、分かった。だがな、鉄之助の渡航費をもっとはずめ、と言っているようにも聞こえるぞ。古来、武将は金のことには深く関わらんのだ」

「土方様、世の中何もお侍ばかりではありますまい。むしろ、今は手前ども商人《あきんど》や町人の方が勢いずいております。お武家は昔を生きますが、手前どもは今日を生きます」

「御主の言うとおりかも……。己は徳川の幕府侍として生きる。明日の世を生きようとは思わん。それは齢《よわい》わずかな鉄之助らの務めよ。市村の件、くれぐれも宜しく頼む」

「はぁ、一命にかえましても」

「これ友二郎、御主に一命にかえましてもは似合わんぞ。今日の商いをどうする」

この後、二人は鉄之助の乗船について打ち合わせをし、英国船長にはたっぷりと心付けを渡すことにした。彼らは何と言っても、ビジネスライクだからだ。思いの外《ほか》時が過ぎ、友二郎は店の賄いに命じて、遅い昼食用に土方好物の焼きもちを作らせた。上等なしょう油を使い、江戸からの取り寄せの海苔で巻いた香ばしい磯辺巻だが、土方は手をつけない。彼の好みは、軽く焼き目がつきプクッとふくれた素焼きのもちなのだ。

5月11日(明治2年、1869)の新政府軍総攻撃の少し前のこの面談が、二人にとって最後の対話となった。ところが、鉄之助がいつ箱館を立ち、どのような船旅をしたのかが、ほとんど分からないのである。それを物語る史料がないのだ。分かっているのは、鉄之助が土方の遺品を持って、江戸から改名した東京の〝大東家〟という商家に現れたこと。ただし、それがいつなのかもはっきりしない。まさに謎だらけなのである。

英国商船に乗ったのは間違いにようだが、当時、最短で4日で箱館から品川沖に着いたという。もし、鉄之助がその航程で東京(江戸)に着いたとしたら、それはどう考えても5月初旬か中旬頃と思われる。

すると、それから2ヵ月ほど立った7月に日野に現れたのが合点《がてん》がいかない。2ヵ月もの間、その間どこで何をしていたのか。現代人と違って当時の人々ははるかに健脚であったから、東京から日野までは40キロ前後だから、2日もあれば歩いて行ける。どう考えても5月中に東京に入ったとしたら、7月になって日野に鉄之助が現われたのは不自然でしかない。

世はすでに明治と改元され、新政府は旧幕府軍の残党狩りを執拗に追い続ける。ましてや鉄之助は少年といえども、新選組の副長付きの小姓であった。箱館から落ちた後は、そうたやすく動けなかったことは想像できるが、それにしても2ヵ月の空白は長過ぎる。

新選組に副長助勤で、十番隊長を務めた伊予（愛媛）松山の若党上がりの原田左之助という隊士がいた。若党は最下級の武士というか小者である。ついた綽名《あだな》が〝死に損ねの左之助〟。松山時代に上級武士と喧嘩沙汰を起こした。「腹を切る、切れ、切らない」の騒動に発展したが、結局、死なずに〝腹一文字〟の傷痕が残った。

原田は京都駐屯時に、新選組隊士としては珍しく、町家の娘と祝言を挙げた。25の時で、一途な純なところがあったという。彼はその後、紆余曲折を経て最後は上野の彰義隊に突如加わり戦死したが、生存説もあるものの、やはり流言蜚語の類であろう。

ところで、彼の妻は何と昭和初期まで長寿し85で世を去ったが、貴重な語り残しがある。それによると、御一新の世で新選組関係者が、いかに人目を忍ぶ日々を送らねばならなかったかが分かる。原田の死後、親族宅に身を潜めていたものの、そこもすぐに官憲の手が伸びてきたという。藩長土肥の新政府の中でも、特に土佐の「新選組憎し」の感情が根強かった。坂本龍馬暗殺の実行犯は新選組、と信じていたからである。実際はその可能性は薄く、今日では京都見廻組が定説となっている。しかし、当時は新選組関係者と知れれば、命もとられかねなかったのである。

原田の遺族でさえ、身分を明かせずおびえた日々を送らざるを得なかった。わずか16際の鉄之助が一人徒歩《かち》旅で官憲の目を逃れて、日野まで行こうというのだから、その困難さは尋常ではなかったであろう。一体、どのような旅を送ったのであろうか。

わずかな手がかりとして、東京の〝大東屋〟という商家が島田魁に出した書状はあるのだが、鉄之助の日野までの行程に関する記述はない。島田は新選組随一の巨漢で180センチ、体重も150キロを超す力士並だったが、そのイメージとは似つかず酒も女もやらず甘い物に目がなかった好漢である。

京都から箱館まで土方に従い、新選組通史となった『島田魁日記』を書き残し、今では新選組研究に欠かせない史料となっている。晩年には、一時新選組の屯所になった〝お西さん〟（西本願寺）の守衛となり、62で他界するまで新選組一途、土方命の男であった。島田は土方の遺品を所蔵したく、大東屋に問い合わせの書状を出し、その大東屋からの返書が現存しているのだ。

その内容からすると、島田は土方の愛刀〝和泉守兼定〟の行方を問い合わせたようである。この件からして、土方―大東屋―島田の関係が密だったことが察せられる。大東屋は、鉄之助が箱館脱出後に大東屋を訪れ、土方から託された書状と遺品を差し出したという。だが、それがいつだったかは記されていない。そして、鉄之助は東京に至る道中で、土方から渡された刀等を旅費捻出のために売ったのであろうと推測している。

となれば、彼は箱館から最短の航程（約４日）で東京に着いたとは考えにくい。一部の史料では、鉄之助は青森で下船させられ厳しい詮議を受けたというが、事実かどうかは分からない。ただし、どこかで下船させられ放免となった後に、徒歩旅で東京に辿り着いた可能性が高いと思う。その過程で、鉄之助は止むなく土方の愛刀数本を路銀にかえたのではないだろうか。

まさかその中の一本が〝和泉守兼定〟だったとは思えないが、そうとも言えないのである。さらなる謎は和泉守兼定は、現在、日野の土方記念資料館で、年に一度公開されているのだ。果たして、その刀とは何物なのか……刀剣愛好家の間では、和泉守兼定について様々な考証が為されているが、土方が最も愛用した兼定はどれだったかは、これも謎のままである。

箱館から東京までの鉄之助の足取りは、どう考えても乗船中に正体が暴かれ、途中下船せざるを得なくなったと思う。注目すべきは４月15日に箱館を落ちたとする説である。なぜかといえば、その日は伝説となった土方の新政府軍との箱館を望む二股峠での戦勝直後なのだ。つまり、土方はその勝利は一度きりのものであり、もはや敗戦を予期し、鉄之助に事後を託したと思える。

もし、鉄之助が青森その他で下船させられ、厳しい取り調べを受けたとしたら、なぜ釈放されたのか。やはり、少年小姓であったからであろう。通常、小姓は主人の身の回りを世話するのであり、軍事行動には伴しない。釈放後はそれでも道中で、前歴を明らかにすることはできなかったであろう。

一人旅（実は二人説がある）をどう続けたのか。道中で路銀に事欠き、街道はずれの小さな祠《ほこら》や民家の軒先で、雨露をしのぐ夜もあったはずだ。日々の糧を得るにしても、16の初心《うぶ》な男子では宿場女郎とねんごろになり、面倒をかけることなどできるはずもない。

となれば、土方から授かった品々を止むなく路銀に変えざるを得なかったであろう。

鉄之助を責めることはできない。そうするように、と土方から申し渡されていたからである。おそらく東京の大東屋に現われた時点で、彼は相当に憔悴しきっていたはずだ。大東屋に着くことが、鉄之助に与えられたファーストミッションであったに違いない。それは土方や大和屋友二郎らから、あらかじめ大東屋に知らされていたのであろう。

そして、そのとおり現われた鉄之助の憔悴ぶりを目の当たりにして、大東屋は彼の体力が回復するまで何かしらの面倒を見た、というのが私の推測である。すぐさま、日野に送り出したとは思えない。もし先の説のとおり、鉄之助が四月十五日に箱館を立ったとしたら、最短で二十日前後には東京に付き大東屋を訪れたことになる。

これでは、日野に現われた7月まであまりにタイムラグがありすぎはしないか。私はやはり、鉄之助は青森その他で一度下船せざるを得なくなったと思う。そこから、やっとの思いでファーストミッションを果たすべく大東屋に辿り着いたのは、6月に入ってからであろう。そして、大東屋の世話でしばし静養してから日野に向かったとすれば、7月に佐藤彦五郎宅に現われたことの説明がつく。

様々な検証が必須とはいえ、鉄之助が土方の遺品を命令どおりに日野の縁りの家に届けなかったら、今に伝わる土方像はないのである。遺品の写真の撮影時期にも2とおりの説があるものの、洋装軍服、軍靴で漆黒オールバック姿で椅子に座した美男の土方が写っていることは間違いないのだ。

しかし、鉄之助は土方戦死の場面に遭遇することはなかった。元元小姓は戦闘員ではなく、武将の身の回りの世話をする。彼はいつ、どこで敬愛する土方の死を知ったのだろう。箱館から落ちる前にすでに知らされたのではないか。となれば、五月十一日の箱館市街戦で土方が戦死したことを知ってから出港したことになる。

そもそも鉄之助と土方の関係の深さは、どこからくるものなのであろうか。土方は必ずしも榎本武揚の主張に賛同して、蝦夷地に渡ったわけではない。では、なぜ渡ったのか。これははっきりしている。幕府侍として死ぬために行ったのである。近藤を無惨な斬首に追い込んだのは己の短慮のせいだと後悔し、近藤の無念を雪冤《せつえん》する一途で榎本軍の一員となったのだ。

世は一気に西欧近代国家化を目指す新政府の思惑どおりに動いていき、徳川幕藩体制は無用の長物となった。当然、新選組の存在価値は薄れ、京都以来の新選組は松平容保の会津戦で、土方と斎藤一《はじめ》の路線の違いから内部分裂した。土方は時代は新選組の刀槍戦から銃砲戦に移ったと自覚し、新選組とは距離を置き洋式旧幕軍の軍人として歩み始める。

それでも、近藤を局長とし自ら作り上げた新選組の名が消えることには、一抹の寂しさを覚えたはずだ。それは明治元年（1968　9・8に慶応から改元）10月の仙台の一件で明らかである。この時、榎本と大鳥圭介の旧幕府軍幹部は、仙台沖から最後の抵抗戦を挑もうと蝦夷地を目指して出港した。その際、新選組には土方をはじめ京都以来の若い隊士―安富、立川、中島らと唯一の古参隊士・島田魁他数名しか残っていなかった。

ただし、隊士枠とは別に10名前後と思われる小姓も混じっていた。鉄之助や阿村銀之助らである。これではいかにも一隊とするには少ない。なぜなら、仙台でかなりの数の新規隊士が脱隊したからで、それを土方はあえて止めず、むしろ勧めた気配がある。負け戦と分かって連れていくより、新生明治の世で生きる道を与えようとし、その中に松本捨助や斎藤一諾斎らがいた。

ならば16歳の鉄之助のも置いていきそうなものだが、土方はそうしなかった。小姓というあまりにも戦国武将風の下部《しもべ》を傍らになぜ置いたのか、しかもかなりの数の少年を……。いささかの違和感を覚える。正直に言って、どうしても衆道・男色の臭いを感じてしまう。戦国武将は女人禁制の陣中に、身の回りの世話のみならず伽の相手をさせる美少年を小姓として侍らせていたのである。

土方は農民出ということから、痛ましいほど武士に憧れ、その風習を新選組に取り入れた。箱館で鉄之助を寵愛し、常に近習させていたと思えるのだ。だが、仙台を離れる前に一度は鉄之助の将来を慮り脱隊させようとしたのではないか。

旧幕軍は明治元年（1868）9月下旬に、仙台から松島湾に向かった。その準備多忙の折、鉄之助は土方の私的な用事に従っていたが、こう言われた。

「鉄之助よう仕えてくれた。もうよい。ここで少し休んでいけ。間違ったかもしれんな。お前を長く使い過ぎたようだ」

「何とおっしゃいましたか。まだお申し付けの用が多々あります。それに、皆最後の一戦をと意気込んでおります」

「そう見えるか。お前は年若だから無理もないが、我が軍は一皮むけば烏合の衆よ。兵も未熟者ばかりだ。戦では兵の心が一つにならねばならぬが、それがない。各々の思惑が入り乱れておる」

「しかし、明日渡航する方々は三千にも及ぶと言います。副長がその方々の指揮をすれば必ずや勝利を収めましょう」

「何度も申すな。己はもう副長ではないぞ。それに敵兵は限りがなく調練もよく積んでおるが、我が兵は俄者が多く同志と呼べる兵は数えるほどしかいない。あとは員数合わせのような者達だ。命が隅々まで届くとは思えん。もはや京都の新選組ではない。今日までよく仕えてくれた。お前には明日がある。何も死に戦に従う必要はない。松本や斎藤らと同じく投降するがよい」

「何と申されます。ここまで来た上は、この身は副長にお預け致します。戦のお役に立たずとも、最後まで身の回りのお世話をさせて、いやいたします。どうかお伴を、どうか……」

「本当にそれでよいのか。蝦夷に渡ったら命はないぞ。己はそれでもよいが、近頃はこれまで手にかけた者達が、夜毎、枕元に現われてな。いつも強気一つの男と思われているが、時には弱気の虫にさいなまされるが、それは表に出せん。その姿を見せられるのは、確かにお前しかおらん。いいのだな、行ってくれるのだな。だが、お前を決して死なせはせんぞ」

　そもそも土方は榎本軍に入った時から、その陣容を見限っていたのではないか。それは一致団結して、新政府軍に抵抗戦を挑もうと結集した軍とは言えなかった。それぞれの思惑入り乱れての混成軍でしかなく、土方はそれを承知の上で死戦に臨んだのであろう。

仙台には最後の京都所司代で松平容保の実弟・桑名（三重）藩主の松平定敬《さだあき》や、備中（岡山）藩主・板倉勝静《かつきよ》も来ていた。板倉は新選組結成当時の幕府老中である。さらに、唐津（佐賀）の小笠原長行《ながみち》もいた。小笠原は唐津藩世子で、第一次征長時の幕府老中。いずれも新選組との縁が深く、他の徳川親藩や晋代大名らとは異なり、そうたやすく新政府軍門下に下ることができずらい立場に置かれていたのである。

しかし、実情はあまりに佐幕であったため、新政府軍に追い詰められ身の置き所に窮していたのだ。今となっては自らの保身で、榎本軍の庇護下で生き残りを図るしかなくなっていた。ところが、榎本は蝦夷地で徳川士族の救済を図るとはいえ、封建幕藩体制を廃し日本を欧米諸国並の近代国家にすることを目指し、となると旧諸候の存在は障害となる。

しかも旧幕府軍艦の収容人数には限りがあり、諸侯に従う藩士すべてを乗船させることはできない。そこで、土方は三藩の中で渡航を希望する藩士に、

「脱藩して新選組に加入する」

という踏み絵を踏ませた。これで三候に従おうとする多くの藩士が、仙台で新政府軍に投降したのである。最終的に新選組隊士となった藩士の内訳は、次のとおりと言われる。

- 唐津藩士………23人

●桑名藩士………17人
●備中松山藩士…23人

これに旧幕府の陸・海軍の脱走兵が加わり総勢三千人の反乱軍が形成されたとはいえ、実態は全くの混成軍である。従って、鳥羽・伏見の惨敗の反省もなく、軍全体の統一指揮官も置かなかった。分隊長は置いたが、各隊の連携はなく、しかも軍幹部となった榎本や大鳥らに戦闘経験はなし。

結局、蝦夷地上陸後に軍人として活躍したのは土方一人に等しかった。それでも、旧幕府軍の箱館侵攻を恐れて逃亡した弘前藩の怯懦《きょうだ》もあり、榎本軍はたやすく五稜郭を占領し本営とした。

その後、土方隊は直ちに松前城を攻略したが、榎本の頼みの綱であった〝開陽丸〟が大時化《しけ》のため、江差湾内であっけなく座礁沈没してしまう。これで榎本軍の海軍力は著しく低下し、敗戦の要因となった。それでも榎本ら首脳陣は蝦夷共和国樹立を宣言し、日本初の同志による入れ札（選挙）で政府を組閣したのである。

その結果、土方は陸軍方奉行㊜となった。㊜がついたようにこの期に及んでも、要職のほとんどは旧幕閣達が占めたのだ。だが、事実上の最高司令官は土方であった。兵のほとんどが大鳥を軽視し、土方の命に従ったのである。土方の副官を務めたのが、京都での新規隊士となった相馬主計《かずえ》や安富才助、大野右仲《うちゅう》ら箱館新選組の若者達である。彼らは〝陸軍奉行添役〟と呼ばれた。

陸軍奉行並として、土方は初めて民生官となり箱館市中取締役兼海陸裁判局頭を務めた。だが、箱館新選組は彼の手を離れ旧幕閣若年寄・永井尚志《なおゆき》の管轄下に入り、土方とは別に民生を担当した。つまり、箱館新選組は土方の指揮の下に軍事行動をしていたわけではないのだ。

一方、土方の軍事行動の補佐役となったのが、先の安富や大島寅雄らである。民生官の土方を支えたのが相馬や大野らで、さらに海陸裁判局の旧幕府伝報隊もいた。

中でも、軍事面での側近は安富と大嶋であったと思われ、彼ら二人は土方の一本木関門での戦死時に近習していた、とされている。ここで再度、箱館で軍人としての土方を補佐していた者達を整理してみる。

- 陸軍奉行並添役（副官）
  安富才助、大嶋寅雄ら……
- 箱館市中取締役
  相馬主計、大野右仲ら……
- 海陸裁判局
  旧幕府伝報隊

この3グループに大別されるが、市村鉄之助の名はどれにも出てこない。あくまで土方の身の回りの世話をする小姓として仕えていたからで、土方と共に戦場に出張っていたかは分からない。だからこそ、榎本軍の陸軍奉行並の肩書きを抜きに、土方は自分の思いを故郷の日野へ知らせようと、鉄之助を遣わしたのであろう。

まだ16歳の少年の将来を思いやり、死線の戦場に連れて行くことなど思いもしなかったに違いない。鉄之助は戦場から凱旋する土方を、どこで待ち受けていたのか……。それを明らかにする史料は皆無である。

そもそも土方は伝説の二股峠への出陣に祭して、すでに死を覚悟していたと思われる。その戦闘に、それまで感性と実践の独学で培った戦闘術のすべてを賭けた。結果は兵力、火力とも新政府軍に劣る土方隊の劇的な勝利となる。しかし、土方隊以外の大鳥圭介らに率られた部隊は敗戦を重ねた。

総督の榎本の戦意は著しく衰え、土方が予期したとおり降伏に傾き、二股峠から土方の隊を五稜郭本営に帰営させたのである。戦況の悪化を見据え、もうここまでと思い定めて土方は鉄之助を箱館から落としたのだ。

実は土方が幕末維新史に確《しか》と名を刻んだのは、京都の新選組の副長としてよりも、むしろ箱館に渡って榎本軍の軍人としての功績によるところが大きい。新選組の代名詞といえば、やはり近藤勇であろう。

彼の名は少数の隊士で、尊攘激派の密会宿となった池田屋を襲い、彼らを血祭りにあげたことで一気に高まった。その時、土方は池田屋には突入せず、宿を取り巻く後方支援に徹し、近藤の影となった。それを良しとして、土方は決して表には立たず、自らは嫌われ役の〝鬼の副長〟に徹した。そこに最強のナンバー2の凄みを感じる。

そんな土方の姿を間近に見る小姓となったのが鉄之助なのだ。2人の絆の深さは、そうしたことに起因しているのである。鉄之助にとって土方は永遠の新選組副長であった。だが、土方は蝦夷地では榎本軍の一軍人であろうとした。新選組の残党で軍人として成功したのは土方だけだが、新規新選組を慈しむ気持ちは、やはり捨て難かったのだ。

その一端が若い安富や相馬らを手元に置き、共に戦ったことに見てとれる。やはり、土方は本音では一軍人としてではなく、戦国武将のような武士として自己完結しようとしていたのではないか。しかし、もはや近代統一国家に向かいつつある日本には、己の生きる場所はない。

そんな土方の思いを汲みとっての鉄之助の日野行は感涙ものだ。その日野行にはあまりにも謎が多く、史料や資料も乏しく、自らの想像力で鉄之助と土方像を築くしかない。中でも、土方家家伝の『籬蔭《りいん》史話』を基にした司馬遼太郎の『燃えよ剣』の影響が大きく、その一節に謎が潜んでいるのである。

――土方家では明治2年7月（1869）歳三の小姓市村鉄之助の来訪でその戦死を知った。翌3年（1870）、土方馬丁の沢忠助が訪ねてきて戒名を知り、「歳進院殿……」のほうを位牌にして供養した。

市村鉄之助の来訪は劇的だったらしい。

雨中、乞食の風体で武州日野宿のはずれの石田村の土方家門前に立った。当時は箱館の賊軍の詮義がやかましいという風評があったため、こういう姿で忍んできたのであろう。

「お仏壇を拝ませていただきたい」

と言い、通してやると、

「隊長。――」

と呼びかけたきり、一時間ほど突っぷして泣いていたという――

新選組通史に通じていなかった当時、この一節にいたく感動した。それから再読を重ねる内に、司馬の脚色した場面に様々な疑問が湧いてきた。鉄之助が土方の命に従い、日野まで下った際に最初に訪れたのは、土方義兄の佐藤彦五郎宅であったはずだ。ならば当然、佐藤家から土方家に連絡が入ったはずで、鉄之助の来訪時、すでに土方家では歳三の死を知っていたであろう。

さらに、仏壇と位牌の件も不自然で、ふつう仏壇と位牌はセットになっているものだ。鉄之助が土方家で仏壇の前で号泣したというのなら、すでに土方家では歳三の死や戒名も知り、仏壇には位牌も安置されていた、と考えるべきではないか。

ところが、多くの著作では土方家に歳三の戦死の詳細と戒名を伝えたのは、鉄之助の訪問からおよそ1年後に訪れた土方馬丁の忠助である、としている。さらに、それから2年後の明治5年（1872）に立川主税《ちから》が、安富才助が土方の戊申の戦いの詳細と戦死の場面を伝えた書簡を届けた、とする説もある。

それほどまでに、明治に入った数年後も土方家を訪れた側近が多かったのだ。なぜ、それほどまでに土方は部下に慕われたのかを知るために、明治2年（1869）の箱館市街戦での土方戦死の情況を整理してみる。

まず、2人の部下の動向が鍵となる。1人は安富才助、もう1人が立川主税。一般的には2人の知名度は低く、新選組といえば……と言って、彼らの名前はあまり出てこないであろう。だが、箱館新選組の中で京都で結成以来の古参隊士は島田魁ぐらいで、軍人としての土方に近習していたのは若き新規隊士達であった。安富は元治元年（1864）の10月、近藤が江戸に下り隊士募集をした際に応じて上洛した。当時26歳の備中（岡山）の足守藩士で、馬術に秀でた異色隊士である。

彼は武芸よりも経理に明るく、主に隊の勘定方で公金運用や管理の実質的な責任者となり、近藤・土方の信任が厚かった。しかし、言わば能吏型の安富は、鳥羽・伏見から甲陽鎮撫隊、さらに流山―会津―仙台と進む戊申戦争の過程で存在感を増していった。会津で土方が去った後、一時、副長になったともいう。そして、箱館に渡り土方付きの〝陸軍奉行並添役〟となる。『島田魁日記』では、彼は〝新選組隊長並〟と記されてもいる。

だからこそ、土方最期の場面を見届け詳細を書簡にしたため、配下の立川主税にそれを日野に届けさせようとしたのだ。また、安富は土方の遺骸を、一本木関門から五稜郭本営に運んだとも言う。

彼は万感の思いを込めて、土方の明治元年（慶応4、1868、9月に明治に改元）4月の江戸脱走以降の戊申の戦いにおける土方の働きを詳細につづった。

――土方隊長は、江戸脱走のさいに伝習第一大隊を率い、宇都宮まで戦いました。その後、負傷しましたが、会津で養生を行って全快しました。会津で京方面の指揮を執り、会津瓦解のときは入城できずに仙台に落ち延びました。仙台では大君（藩主）にお会いして刀を貰われました。

奥州福島へ出張予定でしたが、仙台での国論（藩論）によって止めになりました。辰年（明治元年）10月に、榎本和泉《いずみ》殿（武陽）と誓って蝦夷に渡り、陸軍奉行並と海陸裁判を司りました。この4月互解時は、二股という場所に出張して大勝利しました。

5月11日の箱館互解は、町外れの一本木関門で諸兵隊を指揮しましたが、ついに同所で討死されました。まことに残念至極です。私はまだ無事で、面目ない次第です。前日(12日)、軍議は籠城と決まり、全員討死の覚悟です——

(『土方歳三　新選組を組織した男』相川　司)

この簡潔で要を得た土方の戦いの実際を伝えた記述を見ても、安富が偏《ひとえ》に土方を敬愛した有能な側近だったかが分かる。これを同じく土方に近習した立川に日野まで届けさせようとしたのだが、事はそのように運ばなかった。なお、書簡の最後に土方を偲ぶ一句をしたためた。

早き瀬に　力足りぬ　下り鮎

結局、安富は榎本らと共に新政府軍に降伏した後、謹慎を強いられ最後は東京で不可解な死を遂げた。一方、安富から書簡を託された立川は、五稜郭からの脱出はならず新政府軍に身柄を拘束され、降伏隊士として秋田藩に預けられる。預かりの身が解かれた後、明治5年(1872)に『立川主税日記』等を携え、日野の土方家を訪れたという。それには、土方戦死の場面を刻明に記した箇所がある。

――土方隊長は兵を率いて一本木関門に出撃しました。旧幕府額兵隊を鼓舞して大いに奮戦しめ、敵を異国橋まで押しやりました。しかし、敵の戦意衰えずまた攻め返してきて再び一本木に戦いの場が移り、ついに狙撃され馬上から落ち戦死されたのであります――

（相川　司　同著）

立川は筑前（福岡）の漁村に生まれ、慶応3年（1867）に新選組に入隊したと思われる。当初は局長・近藤付の1人となったが、箱館では土方に付いた。一本木関門の土方最期も見届けたからこそ、先の記述ができたのであろう。

彼が先の時期に土方家を訪れたのは間違いないが、それ以前に土方馬丁の忠助が安富書簡を届けたともいうし、土方や佐藤両家がいつ土方戦死の詳細を知り、仏壇や戒名を整えたのかは定かではない。私は鉄之助が日野に現れた時点で、両家は鉄之助の口から知らされたと思う。いや、彼が訪れた時にすでに仏壇があったというなら、鉄之助の来訪以前にすでに誰かから知らされていたのだろうか……。これも解けぬ謎の一つである。

明治2年（1869）、5月11日の箱館市街戦での土方の動線を追ってみる。まず、この日の新政府軍の海陸からの総攻撃は、予想どおり質量共に榎本軍を凌駕した。しかも、総督の榎本をはじめ首脳陣は半ば戦意喪失し、勝敗は決したも同然であった。そんな絶望的な情勢の中で、一人土方が徹底抗戦を続けたのである。

箱館五稜郭臨時政府の首脳陣で、戦死したのは土方のみという事実は重い。他の名立たる旧幕閣の榎本、大鳥、永井らは降伏後に数年の謹慎処分を経て新政府に出仕し、いわゆる〝一身二生〟〝帰化属〟となり、明治の世で復権して高官となった。

当日の戦況は最初こそ一進一退であったが、すぐに物量で劣る榎本軍は追いつめられ退却し、箱館新選組も永井の下、弁天台場に籠もり孤立する。彼らは旧幕府軍・残党の伝習隊や額兵隊、衝鋒隊、彰義隊らが辛じて原隊をとどめていたのとは違った。全くの寄せ集め集団で、史料によれば次のような混成部隊である。

- 京都で新規入隊…9
- 江戸で新規入隊…6
- 幕臣旗本…………30
- 桑名藩士…………19
- 唐津藩士…………21
- 備中松山藩士……8

●取立仕官………7

総勢約百名が箱館新選組の陣容で、隊長はもう土方ではなく永井尚志であった。隊士は永井の下で、主に函館市内の警察業務と外国艦の関税徴収業務に従事する民政官で、軍政にはほとんど関与していなかった。それでも、軍人・土方としては弁天台場に籠城する新選組を見捨てることなど有り得ない。彼らを救出しようとしたのが、土方最後の軍事行動となったのである。

当時の箱館市街戦図を見ながら、さらに土方の行動を追ってみる。

ポイントとなった地点は、中山峠・二股口―五稜郭―千代ヶ岡陣屋―一本木関門―弁天台場であった。箱館奉行で新選組を率いた永井は、新政府軍が市内に侵攻したのを機に、弁天台場に直行し防御を固めたというが、どう見ても逃げたとしか思えない。

たとえ永井が落日の幕府を最後まで支えた優国の若年寄だったとしても、戦闘経験は皆無で司令官にはなり得なかったのだ。一方、滝川充太郎という幕臣旗本がいた。彼は陸軍奉行となった大鳥圭介の側近となり、新選組を率いて函館山の制圧に向かったが、勢いを増す新政府軍を抑えることはできず、寄せ集めの新選組も任務を果たせなかった。新政府軍を一気に山を下り、函館市内になだれ込んできた。

為す術なく弁天台場に押しやられた新選組の中には、唯一の古参隊士の島田魁もいた。敗戦

箱館戦争関係図、箱館市街図

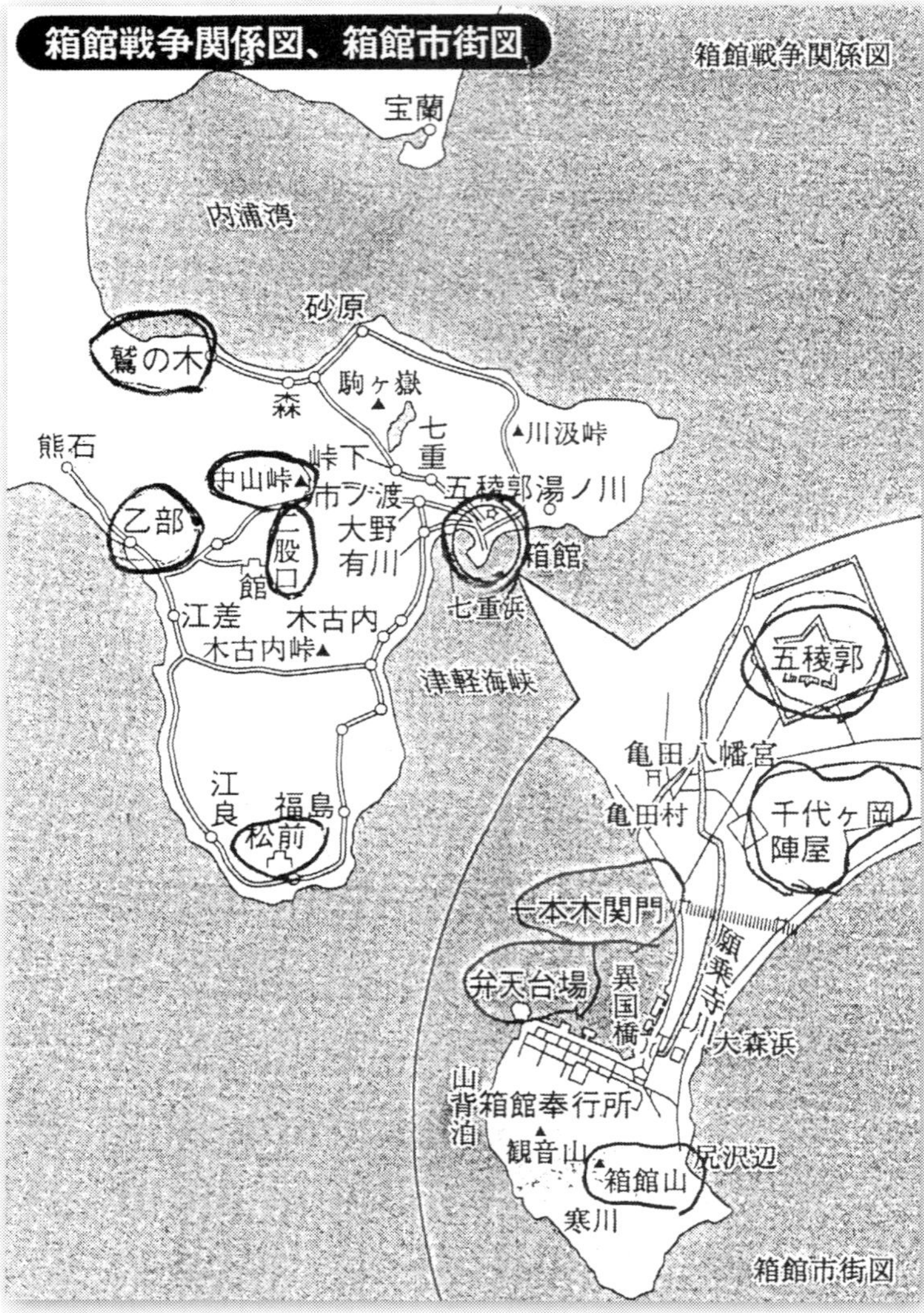

必死とはいえ、局面を打開すべく援軍を要請しに走った唐津藩士から土方の副官となった大野右仲は、一本木関門を過ぎ千代ヶ岡陣屋に至り土方と出会う。土方は五稜郭から額兵隊を率い、弁天台場に孤立した新選組を救出しようと出撃するところだった。土方は大野に敗走兵を束ねて、一本木関門に急行せよと命じ、自らは先発した。

大野は命じられたとおり、伝習使官隊と額兵隊を束ね土方の後を追う。ところが、その途中、敗走兵が続々と制止を振り切り逃げ帰る場面に遭遇した。何かおかしい……。土方が一本木関門で、新選組〝鬼の副長〟に戻り「我、これより退く者は斬る！」と、馬上から目を光らせているはずだ。

そこで千代ヶ岡陣屋に戻ると安富、大嶋寅雄から「土方戦死」を知らされたのである。大嶋は旧幕府伝習第一大隊から箱館に渡り、土方の添役となった。安富と大島が土方最期の瞬間を目撃した可能性は高い。彼らの他に馬丁の忠助や立川が居合わせたかは、今となっては分からない。特に、忠助には2人説もあり確証はない。

また、安富と大嶋が土方の遺骸を五稜郭に運び埋葬したというが、それがどこなのかも今だに不明である。近藤と同じく土方の遺体がどこに眠っているのかも謎のままなのだ。これが戊辰戦争の正体と言えないだろうか。

〝勝てば官軍〟―新政府軍の戦死者の多くが手厚く葬られ、靖国神社に祀られた。対して敗れた旧幕府軍の死者は賊軍、国賊として歴史から消し去られた。

もう一人、土方の遺体を回収したとされる人物がいる。小芝長之助というほとんど知られていない幕臣旗本だが、転じて箱館新選組入りし、箱館取締役として土方の側近となった。

小芝は五稜郭本営で土方戦死の報に接し、遺骸を敵に踏みにじられまいと直ちに一本木関門に駆けつけたという。その時、周辺は混沌としていたはずで、遺体回収は生命がけではなかったか。それほど土方への思いが厚くての行動であったのだろう。

さらに驚くべきは、小芝は大正の世85まで長命し、日野の土方家を訪れ位牌を拝み、しばし涙にくれたという。一体、何人が土方を偲び日野を訪れたのであろう。彼らは新選組の古参隊士ではなく、箱館で短期間土方に仕えたにすぎない。

そこに、私は短期間で部下の心をつかんでしまう土方の人間性を垣間見る。決して昨今の映画やテレビで描かれた冷血の〝人斬り〟などではないのだ。もしそうだったら、明治の世となり何人ものかつての部下が、日野詣をするはずがない。そして、そんな事例が同じ敗軍の将となった榎本や大鳥、永井にかつて新選組と組した諸侯らにあった、ということは寡聞にして知らない。

良くも悪くも、〝一身二生〟〝帰化属〟—徳川幕府と新政府の二者に仕えた—などと揶揄された官僚体質の彼らには、伝説は生まれづらいと見える。土方は彼らとは一線を画し、最後まで徳川侍の意地を貫き、敗者の美学に徹した。そんな土方を五稜郭政府の首脳陣がもてあまし、殺害を命じたという説さえあるのだが、これは戦死当日の情況からして有り得ない。スナイパーがどこかに潜んでいたとすれば別だが……。

土方の戦う男としての姿に共鳴した兵士達の人生に、土方の姿は深く刻まれたのである。再度、鉄之助の日野行を見てみよう。まず、訪れたのが明治2年（1869）7月だったことは、土方家の記録にあるとおりで間違いない。第一の問題は、箱館をいつ落ちたかだが、早くて二股峠の激闘後の4月下旬。遅くて5月11日の箱館市街戦の直前ではないか。私は後者だと思う。もし4月末に姿を消していたら、土方の側近達が気付かぬはずはないと思うからだ。

どちらにしても、鉄之助は土方戦死前に箱館から落ちたことになるのだが、果たしてそうだったのか。彼が日野を訪れたのは7月だから、土方の死から2ヵ月ほど経っている。その時、鉄之助はただ遺品を届けるのみで、土方戦死の様子についても何も語らなかったとは思えない。

ここで、箱館築島の鴻池の手代・大和屋友二郎の存在が思い出される。彼は大の土方シンパとなり、土方側近とも親しかったはずで、その中に鉄之助もいたであろう。また、友二郎は土方の死後に箱館の富商達に呼びかけ、追善の碑石を市内の〝称名寺〟に建立もした。その称号は、

明治2己年（1869）5月12日

歳進院殿誠山義豊大居士

この諡号《しごう》（おくり名）が、土方馬丁の沢忠助によって日野に伝えられたというが、忠助と鉄之助が混同されたのではないかという説もある。

碑石の件からも友二郎が土方に心酔していたことは明らかで、土方から鉄之助を万難を排して箱館から落としてほしいと依頼されたのだ。佐藤家の家伝では、鉄之助は土方の戦死を知らされてから箱館を出港したという。となると、4月に隊を離れた説は成り立たない。私は鉄之助は5月11日直前に箱館で英国商船の出港を待っていた時に、戦況から足止めされ数日を経て、誰かから土方の死を知らされたと思う。

旧幕府軍はすでに敗れ、もはや敗残兵となり箱館港には近付けない。しかし、商人の手代・友次郎なら英国商船への商用と称して近づけたであろう。鉄之助はそんな友次郎から土方の死を知らされ、なお江戸に着いたらまず大東屋を訪れよ、と念をおされたと思うのだ。さらに友次郎は書簡で大東屋に、鉄之助が訪れるからよろしく頼むとしたのではないか。

様々な条件を考えると、やはり仏壇と戒名の件は不自然である。だが、鉄之助が仏壇の前で泣き崩れたというのは、司馬遼太郎の全くの脚色とは思えない。つまり、佐藤・土方両家では、鉄之助の来訪以前に土方戦死の報に触れ仏壇に位牌も安置されていた、と考えられないだろうか。

先に挙げた大東屋の島田魁への返書では、日付は明治4年（1871）9月5日で、鉄之助がいつ大東屋を訪れたかは記されていない。ところが、気になるのは鉄之助が4月15日に箱館を出港した、と記していることだ。もしそれが事実なら、私の5月11日直後説は分が悪い。

しかし、4月15日に出港したものの、鉄之助はすぐに青森で捕縄され、厳しい取り調べを受けたとも言われ、またしても混沌としてくる。もし青森で下船させられたとすると、そこから徒歩《かち》旅で江戸を目指したわけで、旅の途中で土方戦死の詳細を知った可能性が高い。そして、その旅程を考えると、日野に現われた時までのタイムラグが納得できる。

鉄之助がやっとの思いで大東屋に辿り着いたのは、6月初旬ではなかったか。大東屋は鉄之助の体調が回復するまで世話をしたのではないか。そして7月に入って日野に送り出した。ひょっとすると、手代の1人でも付けたかもしれない。鉄之助は江戸から日野までの地理に暗かったからだ。

佐藤・土方両家では鉄之助が差し出した土方からの書状を見て、そのとおりに鉄之助を手厚く庇護した。日野の地で明治4年（1871）頃まで暮らした後に、彼は故郷の大垣（岐阜）に帰った。その際にも、佐藤家から付添いが出たほどだから、いかに厚遇されていたかが分かろう。

郷里では、一早く新選組を脱退した兄と再会した。だが、生来、心臓に疾患を抱えており明治6年（1873）に病死した、と親族から佐藤家に書簡が届いたという。一説では西南戦争で西郷軍に加わり戦死したというが、確証はなく伝説の類いであろう。伝説といえば、土方にも遺体の埋葬場所が特定されていないことから、実は戦死せずロシア商船でロシアに渡った、という流言飛語がある。

いつの世でも「英雄を死なせたくない」という民衆の願いから、英雄伝説が生まれる。その手の話しで、私が一番面白いと思うのが、そのスケールの大きさと荒唐無稽さで西郷伝説である。西郷南洲は西南戦争で城山で死してはおらず、実はハワイに逃れて行った。そこでの末裔の1人が大相撲の元横綱・武蔵丸！　確かに、武蔵丸の風貌は、〝西郷さん〟にソックリではないか。

もっとも、西郷さんの写真は1枚も発見されておらず上野の銅像の西郷さんも見て、未亡人が「ちっとも似ていない……」と言ったのだ。

現在、いくらか傍証はあるものの、鉄之助の箱館から日野までの軌跡は明らかになっておらず、新史料や資料の発見もない。確かなのは、虚実入り混じった新選組ストーリーに魅せられた多くの人々が、日野詣をしていることである。

たとえば、土方没後150年の令和元年（2019）には、命日とされる5月11日に合わせ、全国から〝日野新選組まつり〟に過去最高の5万7千人が押し寄せた。それだけ新選組には誰とは問わず、人々を魅了する何かがあるということであろう。

その何かとは〝敗者の美学〟に尽きる。負け戦と分かっていても、時代の回転に取り残されたと知りつつも、徳川侍としての矜持を捨てず、死戦も辞さなかった男達の一途さを現代に求めることはできない。

幕末駿乱を生き抜き明治政府の高官となった傑物などと崇められた者達は、ことごとく政治家であった。彼らは戦場に立つことなく、政局を読み常に勝ち筋に乗り勝者であろうとした。その都度、組む相手をかえ、時に「君子豹変」する。

対して土方も近藤も、鉄之助らは政治向きに流されずブレることなく、徳川侍を全うしたのだ。それにしても、新選組の人気は息が長く驚かされる。最近では若者向けのコミックやアニメ、ライトノベルの題材として好んで取りあげられている。

コロナ禍で延期されていたイケメン俳優が土方を演じた映画もヒットした。それは土方を単なる荒荒しい〝人斬り〟として描いたように見えた。私は決して評価しないが、けっこう若い人達は観たようだ。

勤務している公立中学校の女子生徒達に、

「新選組って知ってるかい……」

と尋ねたら、以外に多くが知っていると答えたので驚いた。驚きはそればかりではなく、好きな隊士として斎藤一や永倉新八、原田左之助などマニアックの隊士を挙げるのだ。

さらに、京都の壬生寺や日野の縁りの記念館に、海外から多くのファンが訪れている。

2005年に〝新選組まちおこし〟の一貫で開館した〝日野新選組ふるさと資料館〟には、今まで年間1、500人以上の来館者があり、その約6割が10～30代の女性だという。

もちろん女性ばかりではなく、全国には熱狂的な在野の新選組マニアが存在し、それぞれの視点から精力的に新史料発見に努め、その成果を発信し続けている。いずれ、市村鉄之助の日野行の軌跡が明らかになる日がくるかもしれない。私も箱館―青森―東京―日野―大垣を巡る旅を、いつの日かしてみたい。

2　龍馬暗殺指令

龍馬暗殺指令は誰が出したのか。諸説ある中で、有力なのが松平容保《かたもり》と西郷隆盛の黒幕説だが、２人の人間性を考えると暗殺というテロを指図したとは、どうしても思えない。今日ではこの２人が有力視されていることに異を唱えたのが本章である。それは通説を見直すことになったのだが、一番のポイントは京都見廻組と京都守護職は、新選組を通じてライバル関係にあったことだ。

そして、見廻組が京都守護職・松平容保の支配下にあったとするのは誤りではないかということ。この前提に立つと、黒幕が誰であったのかが見えてきたのだが、あくまで私論でしかない。指令者が、〝某諸侯〟であったのかも疑わしくなってしまった。

幕末史は一面、暗殺史でもある。中でも最大の謎と思われる坂本龍馬暗殺に、果して黒幕がいたのか……。これまで様々な黒幕説が出てきたが、どれも決め手に欠けている。だが、黒幕とは違い、暗殺実部隊が佐々木只（唯）三郎率いる〝京都見廻組〟だったことは証言者もあり、まず動かない。

すると、西郷隆盛・薩摩や岩倉具視《ともみ》説は消える。2人は討幕派の巨頭であり、敵対する幕府の特別警察隊となった見廻組も暗殺を依頼することなどあり得ない。言わば両者は不倶載天の敵だった。本章では見廻組が実行犯であったとして、暗殺指令者が誰だったのかを探っていく。

そのためには龍馬の実像に迫れねばならず、伝説をできる限り排除して従来とは異なる視点で、彼の志士としての活動をとらえ直すことができた。さらに、龍馬に多大な感化を与えた勝海舟と西郷隆盛との関係を追うこととなる。

維新の三傑といえば西郷隆盛、大久保利通に木戸孝允《たかよし》と相場が決まっている。薩長土肥の新政府と言うが、㊏佐（高知）と㊊前（佐賀）は魚夫の利を得た側面があり、三傑の選からもれたのであろう。ところが、土佐の風雲児・坂本龍馬の人気は、先の三傑を圧倒している。それは司馬遼太郎の『竜馬がゆく』の影響が大なのだが、小説とは違い、一級史料では龍馬の一代の風雲児ぶりは、あまり裏書きされてはいないのだ。数年前に、高校の歴史教科書から龍馬の名が消えるかも……。と話題になったのも、このことに由《よ》ったのだが、結局消えなかった。

薩長を背負った三傑と違い、言わば一介の浪士が維新への回天を決めたに等しい〝薩長同盟〟

から〝大政奉還〟に至る影のプロデューサーだったとは信じられない。となると、龍馬暗殺の背景も再考せざるを得ない。

この点について司馬遼太郎は、実に巧みな韜晦《とうかい》をした。暗殺を〝単なる事故〟として、探るべくもなしとしたのである。しかし、幕府筋の誰かからの命があったのではないか、とも推論はした。私もその可能性はあるとは思うが、それよりも江戸の幕閣と違い、京都在の言わば司法警察の任に当たった幕臣達は、龍馬を蛍光灯に群がる小煩い蛾の様な存在としか見ていなかったのではないか。そんな彼らと江戸の幕閣達とは、信じられぬほど反徳川の動静に関する情報の共有がなかった。

事は江戸から政都となった京都で起きたのである。龍馬を取り巻く人物群は多士済済で、だからこそ黒幕とされた人物も佐幕、倒幕派に及んだのだ。だが、その推論の中には人物認識と複雑な政局に惑わされた妄論《ぼうろん》が含まれている。

確かに名指しされた西郷や後藤象二郎(土佐)などが、龍馬の死を悼むというより、「維新の回天には必然だった……」とするような言を残したのは奇異な感じはする。自分達藩士と違った龍馬の存在を、何かひどく見下しているような響きがする。龍馬を都合よく使い捨てにした傲慢さを感じるのだ。

暗殺指令の謎を解くかぎは、まず、「自分が殺《や》った」と告白した2人の証言を知らねばならない。ただし、その発言は暗殺からひどく時間を経たもので、どうしても何らかの作為が感じられる。

慶応3年（1867）11月15日の〝近江屋事件〟。京都河原町蛸薬師下ルの醬油商・近江の2階で、龍馬と盟友の中岡慎太郎が何者かに急襲された。龍馬はズタズタに斬られ即死し、中岡も深手を負い2日後に絶命する。それはよく練られた一瞬の出来事で、まさにプロの仕業であった。佐々木只三郎に率いられた京都見廻組の犯行だったが、誰が最初に龍馬に一撃を加えたのかは定かではない。

襲撃犯の一人は渡辺篤（一郎）で幕臣ではない。京都柳馬小路下ルで、〝柳心館〟という道場を用いていた市井の一剣客に過ぎなかった。剣はかなり使えたらしく、維新後も学校や警察などで剣術指南を務めた。まあ、刺客と言っていい。

その渡辺が老いて、京都市内でブリキ屋を営む息子宅で余生を送り、死期を悟った大正4年（1915）の夏、突然、枕元に家人を呼び告白したのだ。

——坂本氏を暗殺したのは自分だ。生涯口外しまいと思っていたが、あの記事を読んで気持ちが揺らぎ、秘話を明かす気になった——

あの記事とは、同年8月5日に京都日出新聞に載ったもの。

「龍馬の血縁者が京都大学に入学した」

つまり、大正の世になっても龍馬の名は維新の伝説として、人々の関心を呼んでいたということだろう。

もう一人は明治2年（1869）、戊辰戦争で箱館五稜郭政府の海陸裁判官を務めた幕臣の今井信郎。榎本武揚の側近の一人だった。剣は直心影流を修め、幕府講武所（幕臣の武芸調練所）の師範代となった徳川侍で、刺客となり得る剣士であった。

その今井が榎本に従い新政府に降伏し、刑部省《ぎょうぶ》（後の法務省）の取り調べで、龍馬暗殺団の一員だったことを自白した。これが暗殺に関する公式の初証言で、当時疑われた新選組説は消えたのである。ただし、今井は近江屋では1階の見張り役だったから、自ら手を下したわけではないと供述した。明治3年（1870）9月20日付の供述書の中で、当日の見廻組刺客団の名が7名出てくる。

与頭の佐々木只三郎を筆頭に、渡辺吉太郎の名もあり、彼が先のブリキ屋の隠居こと渡辺篤（一郎）かというと、ここからがいささかややこしい。なぜなら、今井がこの供述を明治も33年となった後年、突如翻したからだ。まず、見張り役ではなく自分が龍馬を斬ったと言いかえ、実行したのは4人で渡辺吉太郎と桂早之助と自分で、もう1人は在命中だから名は明かすことができない、と語り直したのである。

この証言時渡辺吉太郎、桂早之助、佐々木只三郎はすでに死去していたが、渡辺篤は生存していた。となると、実行犯には渡辺姓が2人いたということなのか……。また、渡辺篤（一郎）も家人に枕元で「龍馬を暗殺したのは自分だ」と告白したのだから、実際は4人全員で龍馬を滅多斬りしたのではないか。龍馬が受けた刀傷の多さからして、彼らの龍馬に対する憎しみの深さが感じされる。

今井は最初の供述（明治3年、1870）でこう述べた。

——自分は見廻組の新任者だったので、龍馬がどのような不審者なのか知らず、佐々木に命じたのが老中たちだったのか、京都守護職・松平容保だったのかも知らない——

この供述で2点が気になる。一つは今井が龍馬のことをよく知らなかったこと。もう一つは佐々木に龍馬暗殺を命じたのが、誰かも分からないと言っている。注目したいのは、老中という言葉が出ている点だ。見廻組は新選組と同じく守護職（松平容保）の支配下にあったとされているが、実は違うのではないか。浪士隊の新選組と異なり、見廻組は江戸の幕閣が組織したれっきとした幕臣（旗本）団である。形式的には江戸の老中の支配下に置かれていたのだ。

ここからは私の推測だが、佐々木只三郎は龍馬襲撃隊の長として、おそらく前日に配下の今井や渡辺篤（一郎）達と細かく打ち合わせをし、手はずを整えたはずだ。その際、暗殺する龍馬について、なぜ抹殺する必要があるのかを説いたであろう。

——龍馬は前年（慶応3、1866）の正月に伏見・寺田屋において、伏見奉行所の同心数名をピストルで殺傷し逃亡した〝殺人犯〟である。一時京都から姿を消していたが、またぞろ京都のあちこちに現れ、不逞浪士の親玉の如く振る舞う〝御尋ね者〟だ。その行動目に余るものがあり、討ち取らねばならない――

つまり、今井は佐々木という上司の命令に忠実に従い、現代で言えば殺人犯の隠れ家を急襲する警察行動として、作戦を実行したにすぎないのではないか。この時点で、佐々木は別として、今井や渡辺篤(一郎)らは龍馬の何たるかは全く分かっていなかったのである。

ちなみに京都の奉行所は元来、新設の守護職とではなく、従来の京都所司代との関係が深かった。このことも、暗殺の背景に陰を落としているのだ。そもそも、見廻組は新選組に対するアンチテーゼとして、江戸の幕閣が組織した京都の治安回復を目的とした主に旗本の次、三男で構成した幕臣団である。

選りすぐりの若き剣士を集めた浪士隊の新選組と一線を画す、言わば旗本のエリート集団……。ところが、実情はいささか違っていたようなのだ。言われるほどには、使命感に燃えた旗本の若き子弟は集まらなかったのである。

見廻組は、新選組より遅れること半年ほどの文久4年(1864)4月に結成された。二条城際に詰所が置かれ城の周辺や京都御所、政治的首都となった官庁街を管轄とし、尊攘志士・浪士の取り締まりに当たった。

ところが、同じ任務の新選組が〝池田屋事件〟の活躍で脚光を浴びたのに対し、見廻組は存在感が高まらず、結局、龍馬暗殺でその名を残すのみで、当時の活動の詳細は明らかになっていない。

なぜかといえば、両者の管轄の違いが影響したのではないか。新選組は祇園や木屋町、三条といった花街《かがい》を持ち場とし、志士・浪士狩りを行った。人目を忍ぶ倒幕活動は、見廻組の持ち場であった官庁街では目立ちすぎる。勤王の志士達はもっぱら街場の方が事件を摘発する機会が多かったのだ。

だが、龍馬暗殺に関しては不思議なほど関与しておらず、当初こそ新選組がやかましかったが、後日すべての疑いが晴れた。今では見廻組実行犯説が定着している。ただし、先の渡辺篤（一郎）が刺客の一人であったとしたら、見廻組の実態を見直す必要がありそうだ。彼が幕臣旗本ではなく、一介の町道場主だったからである。

そんな彼がなぜ暗殺団の一員となり得たのか……。一説によると、渡辺は見廻組から何がしかの手当てを受け、尊攘志士や浪士の内偵をしていたらしい。つまり、見廻組は人材に窮し、何らかの出動の際には腕の立つ市井の剣客を、その都度使っていたようなのである。

これは大いにあり得る話しで、天誅吹き荒れる京の巷では佐幕、倒幕派入り乱れて諜報合戦が繰り広げられていた。見廻組もむろん市井の渡辺らから情報を収集していたのだろう。ライ

バルの新選組では、

早くから副長の土方歳三が隊内に監察方を置き、奉行所の同心や彼らが使う目明かし、岡っ引きらと連携し、その諜報活動は正鵠を極めていた。

見廻組与頭《くみがしら》となった佐々木只三郎は会津藩士の子として生まれたが、長じて江戸の旗本となり、徳川家に対する恩義を強く感じていた。新選組の前身・浪士隊の発案者で策士だった清川八郎を、幕府のためならずと斬殺したのが佐々木である。そうした佐々木にとって、新選組は只の浪士隊ではないか、と蔑みもしライバル視もしていた。

新選組ばかりが池田屋事件で手柄をたてたとはいえなぜもてはやされる。今に見ておれ、という焦りがあっても当然だ。ところが、見廻組隊士は思いのほか幕府に対する忠義心が薄く、なかなか成果を収められない。もっとも、この時点で旗本八万騎などと謳われた生来の幕臣達は、その名のほどの忠臣ではないことが白日の下に晒されてしまっていたのである。徳川慶喜は将軍になる以前から旗本を信用せず、政都となった京都で息詰まるような政争に一人対峙していた。

「余に西郷はおらないではないか……」

に、それは象徴されている。

徳川太平の世にどっぷり浸《つ》かった高級旗本は武芸を怠り、ひたする官吏業務に終始した。天下国家より何事もお家大事で、時代の回天に即応せずひたすら難題を先送りするばかりであった。幕藩体制の維持を図る老中や若年寄らにとって、龍馬は体制を脅かす薩長間を周施する不逞の輩にして、目障りな存在である。いつかは始末せねば……という思惑があったはずだ。

ただし、江戸在府の幕閣連と京都の将軍慶喜に従う幕閣連とは温度差があった。今で言えば政権内部の守旧派と改革派のせめぎあいである。江戸在府の守旧派は、あくまで政権は朝廷から依頼されたのだから、と死守しようとする。改革派というより慶喜は政権を朝廷に返上し、自らが公儀政体のトップに据わろうとする。当然、守旧派は慶喜の独断による大政奉還には全く理解を示さなかった。

その代表格が小栗上野介《こうずけのすけ》（忠順《ただまさ》）である。龍馬暗殺は慶喜への警告として、小栗が指令を出したという説があるが、これは無理だ。彼は外国、軍艦、勘定などの奉行をたらい回しにされた感はするものの本領はフランスを頼みとする幕府の財政再建策にあり、大名や旗本らを監察する業務にはついていなかったのである。しかも、自分達の統領である将軍、慶喜は江戸の千代田城にいない。慶喜は徳川15代将軍の中で、唯一、江戸で執務をすることがなかった。政都が一気に京都に移ったからだ。

しかし、守旧派は依然として幕府の財力、軍事力は西南雄藩を凌駕しているとし、政権はまだ維持できると過信していた。対する慶喜は現実を認識し幕藩体制に終止符を打ち、公儀政体への移行を認めた。その姿勢を、守旧派の幕閣連は、「徳川幕府を薩長に売り渡した……」と批難したのである。慶喜はその意味においては、異端の将軍ではあったが、それでもなお公儀政体のトップに立ち徳川温存を図る〝貴種〟でもあった。となれば、大政奉還後も慶喜を温存しようという龍馬に暗殺指令を出すはずがない。一説によると、慶喜は在京の幕閣連に「龍馬には触れるな」と、申し渡していたという。

一見、大政奉還で慶喜が一気に権力の座から引きずり落とされたようだが、事実は全く異なり政権能力未だ未知数の朝廷は、依然として慶喜頼みの状態が龍馬暗殺時点まで続いていたのだ。

大政奉還後の情勢が慶喜ペースで進行していく焦りの中で、西郷と大久保に岩倉は局面を打開するには〝武力討幕〟しかない、と意を決したのである。それで薩摩藩の誰かが（西郷か？）、かつて親しくしていた見廻組の佐々木に龍馬を殺させた、とする薩摩藩と岩倉の関与説が根強くある。

この説には2つの大きな弱点があり、結局は薩摩藩の最大の敵、つまり幕府の特別警察隊の見廻組を使えるわけがないということだ。また、西郷は寺田屋事件の後、龍馬を親身に保護したし、龍馬は大政奉還を慶喜が呑まなかったら一戦も覚悟していたから、西郷の武力討幕を全く否定していたわけではない。

さらに龍馬暗殺司令は京都守護職・松平容保が出したという根拠は、佐々木只三郎の実兄・手代木直右衛門《てしろぎすぐえもん》の晩年の証言による。手代木は当時、会津藩の公用人で、実質的な守護職の責任者だったと言える。確かに松平容保は正式な会津守護職の任にあったが、元来病弱でとても薩長の暗躍を取り締まる激務に耐え得る肉体的、精神的な状態ではなかった。今日伝わる容保の守護職としての活躍は、盲信的に容保を信じる会津の末裔からお叱りを受けるだろうが、とても信じられない。

元来、日本のお殿さまの名君は稀で、ほとんどは藩家老が実権を握っていたのである。

手代木は天誅吹き荒れる京都で守護職の公用人として他藩との外交を務めた重鎮であり、その名は京都政界で鳴り轟いていた。そんな彼の証言は全くの虚言のはずもないが、やはり一抹の疑念は残る。手代木は言った。

「弟の只三郎が見廻組の頭として、某諸侯の命により、荘子2人を連れて、坂本龍馬の蛸薬師にある隠れ家を襲い斬殺した……」

と。

この某諸侯と暗示しているのが、容保だというのだが、果してそうなのか。まず、この証言は明治37年（1904）にもなっての岡山で79歳の長命で死した手代木が、臨終間近に語ったものである。つまり、今井や渡辺某と同じく、龍馬暗殺からかなりの時を経ての告白であり、そこに彼の複雑な当時の心境による作為が感じられるのだ。

そもそもの諸侯とは知行1万石以上の大名のことで、いわゆる〝お殿さま〟。会津藩の出来者の手代木が、自分の絶対的な主君を諸侯などと他人行儀の呼び方をするであろうか。手代木はそう呼ぶことで、言外に容保ではないことをほのめかしたのではないか。私は諸侯とは、京都所司代の容保の実弟で、最後の京都所司代となった松平定敬ではなかったかと思う。

それをある研究者は、あり得ない話である。

なぜかと言えば、見廻組は守護職の管轄下にあったからとしている。だが、先述したように見廻組は最終的には、江戸の老中の命に従うとされていたのである。

もし黒幕がいたとするなら、大政奉還に至る複雑な薩長同盟成立時の政局を読み解く必要があろう。ただし、薩長同盟というが、その締結を正式に証明した文書は現存していないのだ。それをいぶかった桂小五郎が、立会人だった龍馬に手紙で確認させ、それに龍馬が裏書き署名したにすぎない。

その龍馬が本当に同盟の影のプロデューサーであったのかは、意外にもその場に同席していなかったのでは、と最近の研究では指摘されている。そして大政奉還も然りで、龍馬の発案ではなく、前段階の〝船中八策〟はその存在さえ疑われているのだ。骨太の歴史・評伝作家の海音寺潮五郎氏は、かつて龍馬をこう評した。

――坂本龍馬という人物は独創性に乏しく、学問も系統的にしたことはなかった――

龍馬が志士として本格的に活動し始めたのは、勝という触媒があったからである。勝は龍馬がまだ感情的な攘夷主義者であった時に、時世を鋭く分析し西洋列強の脅威が迫りくる今は、もはや幕藩体制は無用の長物と説いた。幕臣とは思えぬ大胆な発言に度肝を抜かれた龍馬は、即、勝の弟子となった。

勝の理路整然とした開明的な国家論を聴き、やがて西郷を紹介され勝―龍馬―西郷ラインが形成され、維新への回天の速度が高まったのである。もはや、龍馬は土佐藩という既存組織ではおさまらず脱藩して、〝旅する者〟となり勝の人脈に従い各地で一流の開明的な人物と交流していく。

それらすべてが、海音寺氏が指摘したが如く耳学問で、決して彼自身に確固なる国家観や世界観があったわけではない。あったのは、実家の坂本家に伝わる商人マインドである。坂本家は土佐で酒造業、呉服商、質屋などを営む豪商・才谷家からの分家で郷士となる。大変に裕福で、龍馬は幼少期何不自由なく過ごした。この点が勝や西郷、大久保らと決定的に違う。彼らはいずれも貧しい家の出で、一歩一歩自らの地位を組織の中で高めていった。

この出自からして、総じて武士と呼べないような下層階級出身の志士達と違い、龍馬がいかに自由奔放に時代を駆け抜けていったかが分かる。土佐で郷士と上士では明らかに身分差別があり、龍馬はそれを嫌って脱藩したのである。私は龍馬には武士マインドはなかったと思う。むしろ、それを否定していたであろう。

小説的に脚色された龍馬像を、私達は一度洗い流してみる必要がある。たとえば、維新直後に数々出された〝幕末志士伝〟の類いに、奇妙なほど龍馬の名が出てこないのをどう見るべきなのか……。

２大功績の１つとされる薩長同盟にしてから、実質的に交渉役となったのは小松帯刀《たてわき》である。藩対藩の同盟となれば、藩政に直接関わる薩摩藩の家老職にあった小松が交渉の任にあったのであり、一介の脱藩浪士の龍馬に何らかの決定権などがあったはずもない。もっとも、先述したように、最新の史料ではその場にいなかった可能性が高いとさえされている。対して小松は、28歳という若さで薩摩藩藩政のトップの座に就いていたのだ。

薩摩藩内においては、西郷と大久保でさえ小松の下で藩父・島津久光への影響力に頼らざるを得なかった。京都での２つの政変時に会津と連係して幕府側に立った薩摩を激しく憎む長州が、薩摩と手を結ぶことはないと思われていた。だが、両者が同盟すればすぐにも倒幕はなると、一部の開明的な識者達は見ていたが、その方法論が分からなかった。

西郷にしても久光から毛嫌いされており、藩の行く末を左右する薩長同盟を久光に切り出すことなどできない。西郷は色彩られたイメージと違い、薩摩藩上層部では言われるほどの発言力は持っていなかった。その任にあったのは、やはり藩主・忠義の側近となった小松帯刀だったのである。

小松は大久保の傀儡だったとする説もあるが、西郷と同じく藩内では下士の大久保は、上士で家老職に昇り詰めた小松の権力に頼らざるを得なかったのだ。いつの世でも能吏、官僚は歴史に名が残りずらく、英雄譚は生まれずらい。

西郷には英雄譚が数々ある。文久2年（1862）4月、伏見（京都）の船宿〝寺田屋〟事件。ここでは、後年、龍馬も伏見奉行所の同心らに襲われ辛うじて逃れた。その時に救いの手を差し伸べたのが西郷。

久光は藩内の尊攘激派を煽動したのが西郷と見なし、寺田屋に集結した若手激派を同輩に斬殺させた。この件で、西郷は頑迷な公式合体主義者の久光の怒りをかい、沖永良部島に流されてしまう。これが西郷の遠島伝説となる。しかし、文久3年（1863）8・18の政変で長州勢を薩会が一掃し、にわかに薩摩藩の存在感が高まると、西郷待望論を湧き上がる。久光はその声に抗しきれず、しぶしぶ西郷の遠島罪を解き、藩政に復帰させた。西郷伝説がまた始まる。

元治元年（1864）3月中旬、2年強の島流しの身から一気に京都政界に復帰し、軍賦役（軍事司令官）に任命されたのである。そもそも西郷は島津斉彬という幕末期最高の開明家に寵愛され中央政界に放たれたのであり、大久保のように策を弄して島津久光にとり入る必要などなく、久光を斉彬と比すなど言外の〝田舎者〟呼ばわりしていた。薩長同盟の交渉過程や詳細を、西郷は久光に一切知らせなかったという。

大久保と西郷は同村の士で、薩摩藩を倒幕勢力の主役足らんとすることでは一致していた。それでも、2人の政略は微妙に異なっていた。だが、最終局面では武力討幕で一致し、しかも慶喜の首をとること……。

それをあくまで公武合体に固執する久光に明かすわけがない。つまり、久光は西郷と大久保に薩摩藩の軍事力を利用され、体良く蚊帳の外に置かれていたのだ。維新後、廃藩置県が西郷・大久保の主導によって断行され、〝裸の王様〟にされた久光は、その無念さを錦江湾に夜通し花火を打ち上げさせて晴らした。久光は生涯、髭を落とさず漢方を服し江戸を捨てなかった。彼には文明開化を認める意識はついぞなかったのである。あくまでお殿様として生きた。

一方、融通無碍な西郷は決して〝敬天愛心〟の人ばかりではないのだが大衆的人気が高く、龍馬同様に偶像化されたのはなぜだろうか。もちろん2人の個性が極立っていたこともあろうが、2人が共に〝旅する人〟であったからだと思う。幕末史に名を残した人々は、ことごとく旅する人であった。ソーシャルメディア（SNS）、ICT（情報通信技術）全盛の現代と違い、当時は新情報・新知識を得る手段は、自らの足で東弄西走し開明的な知識人から直に教えを受けるしかなかった。

幕府や藩という堅固な体制内の固定観念にとらわれることなく、柔軟に幅広い知識を貪欲に吸収した者のみが、維新への回天の扉を開けることができたのである。大久保は類い稀な政略家であったが、薩摩と京都を動くことはほとんどなかった。岩倉は公家における一代の謀略家で、西郷・大久保と手を結んだが、自らは京都から動かない。

定点でじっと事態の推移を見守っていたことが、2人の維新に果たした役割の大きさに比して、大衆的人気のなさの要因であろう。たとえば、西郷と薩長同盟で対峙した長州の桂は〝逃げの小五郎〟と揶揄されたほどの旅する人であった。京都の2度の政変で主だった志士を失った長州藩は、辛うじて逃げのびた桂を潜伏先の但馬《たじま》（兵庫）から呼び戻し、交渉役として京都に送ったのだ。

当時は、幕府では長州の桂と高杉晋作を要注意人物としてマークしていたが、龍馬と違い藩士となると、容易に手を出せなかった。思えば西郷は〝島帰り〟で桂は〝但馬帰り〟。両者とも不遇の身から、時代の要請で中央政界に復帰したのである。そうした彼らが、京都の政変での怨念を抱きながら、幕末史の一大転換の場に臨んだのだ。

交渉の会談場所は京都の小松帯刀邸で、これを見ても小松の存在の大きさが分かる。もし、本当に龍馬が同盟の橋渡し役だったとしても、1オブザーバーという立場でしかなかったのではないか。ところが、小説的にはいがみ合う西郷と桂を龍馬が一喝して、同盟を促したと脚色されている。

しかも驚くべきは、この薩長同盟は何と〝口約束〟で正式に文書化されなかったのである。では、なぜ史実とされているのかというと、桂がさすがに口約束だけでは不安となり、龍馬に「会談の内容はこれで間違いないか……」と手紙で問い合わせたら、龍馬がその手紙の裏に赤で裏書きしたものが、今日残っているからである。

また、一坂太郎（萩・山口博物館特別学芸員）氏も異説を唱えている。

――いがみ合っていた両者を話し合いの場につかせたのは龍馬だという話しは、「維新土佐勤王史」という本に出てくる。つまり維新達成から40年以上も立ってから出てきたわけで、維新直後の史料ではない。つまり、この本の出版当時、薩長中心の政府から大きく出遅れていた土佐閥が、自分達の存在をアピールすべく話しを盛った可能性がある――

また、龍馬の周施で長州が薩摩名義で武器を購入してもらったという話しにも疑問を呈した。この件は明治に入り、桂小五郎改め木戸孝允《たかよし》が回顧録の中で語ったのだが、どうも実情は違っていたようだ。

木戸の言では、幕府の第2次征長が迫り武装強化に迫られ、木戸の方から龍馬に薩摩名義で最新鋭銃等を買ってもらえまいか、と申し出たという。すると、龍馬が自分が設立した日本初の私的海運貿易結社〝亀山社中〟を使えばたやすいことと請け負ったものの、一向に話が具体化しなかった。

そこで、木戸（当時は桂）が自藩の伊藤利助（博文）と井上聞多（馨）を長崎に送り、英国の武器商人・グラバーから大量の武器を購入させた、と語ったのである。

さらに、海音寺潮五郎氏は『歴史夜話』で、一坂説に通じる龍馬感を述べている。

――薩長連合の立役者は坂本竜馬だが、竜馬はヒントを勝からもらったのではないかと、ぼくは考えているのだ。海軍操練所時代に、竜馬を相手に酒でも飲んでいる間に、座興として言ったかもしれないし、翌々年の慶応元年（１８６５）の夏から冬にかけて、彼はまた公用で京阪の地に滞在しているから、その間に竜馬に語ったかも知れない。才人には自分の知恵を誇示したがるところがありがちであるが、勝はそういう点のある人だったように、ぼくには思われるのである。

坂本竜馬は独創性の乏しい人だ。ただある物をつかむと、ふくらまして大きなものとし、これを実現に行くのは天才的である。勝の与えたヒントが、薩長連合策となったと、ぼくには思われてならないのである。とすれば、西郷はすでに勝からそういうことを言われている。坂本がそれをもって口説けば、即座に「よかろう。やってみて下され」というはずである。

第２は大政奉還である。これも坂本が立役者ではあるが、このヒントも勝によってあたえられたに違いないと、ぼくは信じている――

もし、一坂、海音寺両氏の説のとおりならば、通説の龍馬像は大きく揺らぐ。まず、龍馬が勝から受けた影響力の大きさを知り、さらに西郷との関係の深さも見つめ直さなければならない。ある時期、龍馬は西郷の意向に沿って動いていたからだ。

勝─龍馬─西郷、言わば〝黄金のトライアングル〟なくして、幕末史は語れないのである。今でも、薩摩（西郷）が龍馬暗殺の黒幕とする説が根強いが、見廻組を使った理由の説明がつかないので無理がある。そんなことをしなくても、西郷と龍馬の関係の深さを考えれば、もし暗殺しようとしたのなら、いくらでもその機会や襲撃場所を選べたはずだ。

確かに西郷は敬天愛人の人ばかりではなく戦略家の一面もあったが、彼の本質からして暗殺という暗黒の手段を用いたとは全く思えない。松平容保の人間性が暗殺と結びつかないのと同様である。

ところで、勝と龍馬の出会いがいつだったのかは、実ははっきりしていない。一応、文久2年（1862）の12月頃とされている。その時、勝の赤坂永川町の屋敷を訪れた同行者にも諸説があるが、当時の政治総裁職の松平春獄（慶永）の紹介状を持参したことは間違いない。

松平春獄は越前（福井）前藩主で、勝と同じく尊王開国派である。勝は万延元年（1860）に、幕府軍艦・咸臨丸《かんりんまる》の艦長として、小栗上野介（忠順）らの幕府遣米使節を乗せたアメリカのポーハタン号の護衛という名目で渡米した。なお、咸臨丸には福沢諭吉、中浜（ジョン）万次郎も同船していた。勝はアメリカの大統領制民主主義を目の当たりにして、大いなる衝撃を受けて帰国する。

この時の体験で、勝は日本も西洋列強というよりアメリカ流の近代民主主義国家を目指すべき、と決意したのである。幕臣でありながら幕藩体制を否定する勝は、幕府内で特異な存在となった。米国からの帰途、3月に〝安政の大獄〟の首謀者の大老・井伊直弼が、〝桜田門外の変〟で暗殺されたことを知る。

一方、龍馬は江戸で剣術修業中で、まだ感情的で単純な攘夷論者に過ぎない。というより、彼は元来が思索、探究的な人物ではなかった。そんな龍馬が桶町千葉道場の剣客・千葉重太郎を伴ってやって来ると、勝は言ったという。

――お前達は儂《わし》を斬るつもりで来たのだろう……――

ちなみに龍馬は桶町千葉道場の高弟として、それなりに江戸で剣名を知られていたようである。だが、彼は極めて陽性の快男児で、生涯人を斬ったことはなかったから、勝を斬殺するつもりはなかったであろう。先の「～を斬るつもりで～」は、勝一流のレトリックととらえた方がいいと思う。

勝はまだ一介の剣術使いにすぎぬ龍馬に、時世を見極める目を開かせたのである。日本を取り巻く世界情勢を教え、大国の清が今やアヘン戦争でイギリスに蹂躙された。インドやその他の東アジア諸国も次々と西洋列強の植民地化されようとしている。

このような世界情勢の中で、皇国日本を守るには、徳川幕藩体制を終わらせ近代国家に脱皮するしかない。そのためには開国し西洋文明を吸収し、富国強兵に努める。大航海時代となった今や、海軍力を高めねばならぬ。

勝の高説に触れ、龍馬は驚愕した。系統だった学問はせず、黒船来航以後の動乱の世を分析できぬ彼は初めて時代の回天を知り、即、勝の門人となった。勝の『氷川清話』は刻明に記した日誌（これにも日付け等に矛盾は多々あるのだが……）とは違い、誇張や作り話しが多く、『氷川渇話』だとする人もいるが、勝の時世に対する論評としての価値がある。

勝の下で、龍馬の本格的な志士活動が始まり、その喜びを土佐の姉・乙女《おとめ》に書き送った。母親を幼くして亡くした龍馬の母親代わりとなったのが乙女で、当時としては大柄で武術もよくし〝坂本のお仁王様〟などと呼ばれていた。龍馬はその乙女だけでなく、その時々の心境を様々な人々に書き送った筆まめで、その手紙の多くが現存し、幕末史研究の貴重な史料となっている。

そして、もう一人、勝との出会いで目を開かされたのが西郷だった。彼は亡き師の島津斉彬の公武合体路線を捨てたのである。それに固執する藩父となった斉彬の従母弟・久光を軽蔑し〝田舎者〟呼ばわりした。しかし、勝との初面談時は、まだ佐幕側に立ち第1次征長軍の総督参謀となっていたので、長州との同盟など頭にもなかったであろう。

ところが、幕臣とは思えぬ勝の幕府無用論を聴いて、西郷は龍馬と同じく驚き長州と同盟して倒幕路線に走り出す。恐るべき勝の影響力である。それも、すべて勝が渡米して見たアメリカの民主主義国家の真の姿を知ったからだ。勝だけが近代民主主義国家の実態を理解し、それを日本の進路の柱に据えようと決意したから、勝には幕藩体制はもはや無用の長物となったのである。

西郷と勝の初会談は文久4年（元治元年、1864）9月初旬で西郷は38で勝は42。2人とも、当時では充分に大人である。彼らは狂信的な若き志士達と違って、時世を見極める目を持っていたが、反面、政治的な駆け引きや腹芸にも長けていたと言える。

勝はこの時軍艦奉行並となり、幕命で老中小笠原長行《ながみち》（唐津・佐賀藩世子）に随行し、文久2年（1862）に大阪湾警備の要害調査を行った。ペリー来航以来、島国日本の国防といえば湾岸防備となり、海軍の増強が急務となる。勝は幕臣としての経歴を見ると海軍の人なのだが、皮肉にも船酔い体質がひどく、決して海軍士官としての能力が優れていたわけではなく、理念的な海軍信奉者であった。

翌文久3年（1863）には、14代将軍・家茂に海軍増強の必要性を上申し即裁可を得て、神戸に幕府直属の海軍操練所設立させた。それに付随して勝の私設海軍塾も開かれ、その塾長となったのが龍馬である。

勝と西郷の初会談時といえば、元治元年（１８６４）７月の京都の街を燃え尽くした禁門の変（蛤御門の変）から、およそ２ヶ月後の頃だ。遠島の身から電撃的に京都政界に復帰した西郷は、先の変で自ら出張り足に被弾しながらも、長州勢を京都から駆逐した。

この時点では明らかに西郷には長州と同盟するなどの思いは微塵もなかった。明らかに会津と共に幕府にいたからこそ、幕府から第１次征長の最高責任者に指命されたのだ。このことがあって、慶喜は明治になって後、長州はあれはあれで倒幕に首尾一貫していたが、薩摩は途中から幕府を裏切ったから許せない、と回顧したのである。

西郷の佐幕路線は勝との初会談で、３６０度コロッと変わり、長州との同盟を視野に入れ倒幕に向けて動き出したのだ。事実、幕府の意向をすかし、長州処分をゆるやかに制裁するにとどめた。

勝が幕命で上京する途上、大阪に一時宿泊したのだが、その時に西郷が勝の宿を訪ねた。その目的は、征長責任者としての落とし所を勝から聴くことにあったと思われる。西郷が問うと、予期せぬ答えが返ってきた。

――今や老中や若年寄をはじめとする幕閣の多くは、本気で国難を打開しようという気概も使命感もない。何事もお家大事で、難題を先送りするばかりである。幕府はもう持たぬ。ここで薩摩と長州が手を結べば、幕府など一気に倒れますぞ……——

幕臣の勝が暗に倒幕をほのめかしたのだ。龍馬と同様、西郷は勝の物言いに驚かされたであろう。結果としてこの会談以来、西郷は亡き恩師の島津斉彬から継承した公武合体路線を捨て、長州との同盟を視野に入れ、倒幕を現実化しようとする。

勝も初会談から受けた西郷の泰然とした人柄に魅了され、それを龍馬に伝えた。即、龍馬は勝から紹介状をもらい、京都の薩摩藩邸に西郷を訪ねた。このように、龍馬は一介の脱藩浪士でありながら、勝の人脈を通じて当時の開明的な大物と交流ができたのである。

それは天性のもので、元来、龍馬の実家は商家で商人マインドで育った。〝才谷屋〟といえば土佐の高知城下に鳴り響いた豪商で、坂本家はその分家である。つまり、幕末期では商人が金で武家株を買ったのだ。

何不自由なく育った坂本家（郷士）の御坊ちゃん。維新の志士の多くが最下層の武士階級出身だったが、龍馬は彼らとは本質的に違っていたのである。ここを抑えておかないと、亀山社中から海援隊と続く海運事業の経営の説明がつかない。今で言うと新興企業—スタートアップのオーナーのような存在で、決して武士マインドではない。

現代でも時には権力筋に巧みに取り入り、分不相応な資金を繰り社会的発言をする若手起業家が現れる。だが、次第に虚名の正体が知れ一時の勢いを失い忘れ去られていく。それに抵抗し、さらなる大風呂敷なプロジェクトをぶち上げるが、もう誰も相手にしない。かつての〝ホリエモン〟がその典型。

これは幕末動乱の世でも変わらなかった。勝や西郷、大久保や桂、岩倉、慶喜らはそれぞれの堅固な組織の中で毀誉褒貶《きよほうへん》相半ばし、国難に対峙した。一方、龍馬は言い放しやりっ放しで、耳学問を重ね国家体制改革を脚色していったに過ぎない。

それらは、すでに一部の開明的な啓豪家達が企案していた。しかし、各自の体制内の制約から即断行できなかった。ならばこれをフリーの立場の龍馬に吹き込めば、勇んで周施に走るであろう、という思惑を持ったはずだ。たとえば、大政奉還は幕臣で開明家の大久保一翁（忠寛）が一早く慶喜に進言していた。それは同盟の勝、松平春獄の同調を得ていたが、慶喜は時期尚早として受け入れなかったのである。

さらに、〝船中八策〟は、今日ではその存在さえ疑わしいとされている。新国家構想で龍馬が長崎から兵庫に向かう船中で、土佐の後藤象次郎に示唆したというが、これは横井小楠の『国是三論』に酷似しているのだ。横井は松平春獄に招かれ、越前（福井）藩改革に貢献した熊本藩士で、勝もその識見に瞠目したという。

龍馬が勝に問われて語ったとされる龍馬の西郷評も、勝の創作ではなかったか……。

――西郷はわからん男ですな。小さくたたけば小さく鳴り、大きくたたけば大きく響きます。

もし馬鹿なら大馬鹿、利口なら大利口ですな――

満足に学問はせず、独自の思想を持たなかった龍馬の言葉とは思えない。絶妙な比喩をまじえての言は、勝が龍馬の口を借りて言ったのであろう。勝―龍馬―西郷のトライアングルは時に応じて。様々な形に変化した。彼ら3人がいつ、どこで繋がっていたのかを整理してみよう。

・勝　海舟1823～1899⑯
・西郷隆盛1827～1877㊿
・坂本龍馬1835～1867㉜

※○内数字は享年

・嘉永6年（1853）⑱（龍馬の年齢）

米東インド艦隊司令官ペリーが軍艦千隻を率い、特使として浦賀（横須賀）に来航。龍馬は土佐（高知）から剣術修業の名目で江戸遊学。北辰一刀流開祖・千葉周作の弟・千葉定吉の桶町千葉道場に入門。土佐は幕命で、品川藩邸付近の警備を命じられ、龍馬は臨時雇で警備につくも、黒船を目撃したかは不明。なお、年末には一時、佐久間象山に砲術を学ぶ。

・安政元年（1854）⑲

ペリー軍艦7隻を率い、神奈川県沖に再来航。幕府と日米和親条約（神奈川条約）を締結し、下田と箱根を開港。龍馬は帰国し、狩野派の画家で開明的な思想の持ち主の河田小龍《しょうりゅう》に学ぶ。

河田は土佐の漂民・中浜（ジョン）万次郎の取り調べを行い、その結果を『漂巽紀略《ひょうそんきりゃく》』にまとめ、アメリカの実情を藩主に知らしめた。龍馬には海防の重要性を説き、龍馬はこの時から〝海〟に目覚める。

●安政3年（1856）㉑

龍馬は再び剣術修業で江戸に出る。当時、江戸は剣術のメッカで、西南雄藩の藩士らがこぞって江戸で剣技を磨いた。土佐の竹市《たけち》半平太（瑞山）は鏡心明智流の桃井春蔵の道場の塾監となり、桂小五郎（木戸孝允）は神道無念流の斎藤弥久郎の道場で塾頭を務める。

龍馬が入門した千葉道場を含めて、これらが〝江戸の三大道場〟と言われた。当時は、龍馬や武市、桂を含め下級武士が飛躍するには、剣術が必須だったのである。しかし、剣術道場は単に剣技を磨くだけではなく、諸藩士らが時勢を論じる志士的な活動のサロン的存在にもなり、龍馬も大いに影響を受けた。

●安政5年（1858）㉓

彦根（滋賀）藩主・井伊直弼《なおすけ》が幕府大老に就任し、日米修好通商条約を無勅許調印する。さらに、わずか12歳の紀伊（和歌山）藩主・徳川慶富《よしとみ》を第14代将軍とする。慶富は家茂《いえもち》と改名して就任。

日米修好通商条約と将軍継嗣問題で、幕府内は南紀派（慶富を押す井伊派）と、一橋派（一橋慶喜を押す老中首座の阿部正弘派）の暗闘となるも、井伊の独断で決着した。

老中首座・阿部派の薩摩藩主・島津斉彬死去（享年50）。西郷は斉彬の側近として、将軍継嗣問題で大奥対策に当たる。

井伊の反幕府勢に対する〝安政の大獄〟が始まる。一橋派の多くが処罰されたが、龍馬は土佐に帰国中であった。西郷は斉彬の急死に衝撃を受け、勤王僧の月照と共に鹿児島湾に入水自殺を図ったが、月照は落命するも自らは蘇生した。薩摩藩は西郷を井伊の追及から逃れさせようと、奄美大島に流した。

- 万延元年（1860）㉕

幕府、日米修好通商条約のため、小栗上野介（忠順）らを米艦・ポーハタン号で特使として米国へ派遣する。勝はその護衛艦・咸臨丸の船長として渡米するが、船酔い体質で艦長としては機能しなかった。

桜田門外の変で、大老・井伊が水戸浪士らによって暗殺され、尊攘激派が台頭する。

幕府、皇女和宮の降下を発表。

- 文久元年（1861）㉖

龍馬、武市半平太の〝土佐勤王党〟に加盟する。武市は挙藩勤王化を目指し倒幕を図ったが、龍馬はすでに土佐藩という既存組織の枠を越えて活動し、結局、武市とは同調しなかった。

・文久2年（1862）㉗
※この年から動乱の日々が加速したので、判明している日付を記す。
2・11　⑭将軍家茂と和宮の婚儀
3月　龍馬は脱藩したが、この頃は脱藩本来の大罪の意味が薄れ、尊攘浪士のステイタスシンボル化していた。
4・16　薩摩藩主・忠義の父（藩父）島津久光が、藩兵約千人を率いて上洛し朝廷に存在感を見せつける。久光は頑迷な公武合体論者で、入京は幕政改革を勅命によって促すのが目的で、倒幕の意図は皆無であった。
4・23　京都伏見の船宿〝寺田屋騒動〟。薩摩藩内の若手（精忠組）による暴発を、同輩が久光の命で斬殺するという薩摩藩史上、最大の汚点とされている。
8・1　幕府、会津藩主・松平容保（27歳）を、新設の京都守護職に任命する。武市は京都で土佐藩応接係となり、一藩勤王化を唱え藩主の山内豊重の上洛を実現させる。諸藩の尊攘志士と連携し、土佐の岡田以蔵や薩摩の田中新平衛らを使い、佐幕派への〝天誅〟テロを繰り返す。
西郷は寺田屋事件の関与を久光に疑われ、沖永良部島に流される。勝は軍艦奉行並となり、龍馬は武市の指示に従い、長州の久坂玄瑞や高杉晋作と交流した。

12・9　龍馬が江戸赤坂水川町の勝邸を初めて訪れる。幕府政治総裁職の松平春嶽の紹介状を持参し、桶町千葉道場主・千葉定吉の長男・重太郎を伴ったというが、訪問日付と同行者には異説有。

●文永3年（1863）㉘

2月　龍馬の脱藩が勝や松平春嶽の山内容堂への働きかけで解かれた。その喜びや勝の内弟として各地で周施する躍動感を、土佐の姉・乙女に書き送る。

3月　壬生浪士組結成（後に新選組）。

3・4　⑭将軍・徳川家茂が二条城入場。

3・11　孝明帝、加茂社で攘夷祈願。

4・11　孝明帝、石清水八幡宮で攘夷祈願。

4・20　⑭将軍・家茂が5月10日を攘夷期限と朝廷に奉答。

5・10　長州藩が下関で米船を攻撃

5・23　長州藩が仏艦を砲撃

5・26　長州藩が蘭艦を砲撃

　⑭将軍・家茂は勝の進言を即決し、神戸海軍操練所の開設を許可する。龍馬は勝の使いで、越前の松平春嶽を訪れ勝の私設海軍塾開設の資金援助を受ける。

その際、勝の盟友で幕府大目付の大久保一翁（忠寛）の書状を持参する。また、春獄に招かれ越前藩政改革を主導した横井小楠への紹介状も一翁からもらっていた。彼らはいずれも佐幕開国派で、幕藩体制の限界をすでに察知し、大政奉還から有力諸侯連合による公議政体を模索していた。

7・2　薩英戦争で薩摩藩は善戦するも敗退し、被害は甚大であった。

8・13　攘夷親政の詔勅発行

8・17　天誅組の乱。尊攘急進派の過激分子が、大和（奈良）五条代官所を襲撃し挙兵したが、幕軍によって壊滅した。

8・18の政変（クーデター）

公武合体派の会津と薩摩藩による長州勢を、京都政界から追放したクーデター（七卿落ち）

9・21　土佐の勤王党党主・武市半平太らが拘束される。武市は約2年土佐で在獄し、慶応元年（1865）5月に切腹（享年37）。

土佐藩では武市の死後、旧吉田東洋派の後藤象次郎が台頭し、龍馬との関係を深める。

10月　龍馬、勝の海軍塾の塾頭となり勝と共に海路江戸へ

12月　龍馬、帰国命令に背き再び脱藩した。勝の土佐藩への工作は効を奏さず。

●元治元年（1864）㉙

1・15　⑭将軍・家茂入京

4　月　幕府、京都見廻組結成（佐々木只三郎）

5・14　勝が大阪城内で、幕府軍艦奉行に任命される。（勝安房守《あわのかみ》）

6・5　池田屋事件（新選組・近藤勇、土方歳三）

7・19　禁門の変（蛤御門の変）

会津と薩摩が連携し、京都政界復帰を目論む長州を再び駆逐する。長州は〝薩賊会奸〟と憎悪した。

この時、西郷は沖永良部遠島の身から電撃的に京都政界に復帰し、軍賦役（軍事司令官）として、足に被弾しながらも長州軍を撃退する。

8・2　⑭将軍・家茂、第1次征長軍の参謀総督に西郷を任命する。この時点で西郷は佐幕側に立っていた。

8・5　前年5月の長州藩の外国船砲撃に対する報復で、四国（英仏米蘭）連合艦隊が下関を砲撃し、長州藩の砲台はすべて破壊され惨敗を喫した。（馬関戦争）

8・14　長州藩、馬関戦争の和議成立（高杉晋作の活躍）

9・11　勝と西郷の初会談（大阪）
西郷は勝から幕府無用論を聞かされた可能性が高く、これを機に長州との同盟を視野に入れ、倒幕路線に走る。おそらく龍馬は勝が絶讃する西郷評を聞き、紹介状をもらい京都の薩摩藩邸に西郷を訪ねたと思われる。

11月　幕府の神戸海軍操練所が閉鎖
勝は海軍操練所や海軍塾内の尊攘志士や浪士のアジテーターと幕府から見なされ、御役御免となり赤坂氷川町の自邸で逼塞した。
なお、第1次征長は勝の意を及んだと思われる西郷の寛大な処置で、戦わずして収束する。

●慶応元年（1864）㉚

5・12　幕府、第2次征長を決定

6月　龍馬、中岡慎太郎と共に薩長間を周施する。長州藩は②征長に備え、大量の銃器等を調達しようと龍馬に頼み、亀山社中が動いた。亀山社中は長崎の亀山を拠点とした日本初の海運商社とされる。後に土佐藩後援の〝海援隊〟となり、再度脱藩を許された龍馬が隊長となった。
薩摩名義で長崎の英人武器商人・グラバーから購入した銃器等を、亀山社中の商船で長州に運んだ。この件も龍馬の発案というが異論有。

●慶応2年（1866）㉛

1・22　薩長同盟成立（西郷・小松・桂・龍馬）

1・23　京都伏見の船宿〝寺田屋〟事件

龍馬が伏見奉行所の捕吏（同心ら）に急襲され、高杉晋作からもらった6連発ピストルで応戦し、捕吏数名を射殺する。辛うじて追っ手をかわした龍馬は付近にあった薩摩藩邸に逃げ込む。

西郷は龍馬の危機を知らされ、伏見に駆けつけようとしたが周囲が止めた。しかし、後日、龍馬を京都藩邸に引きとり、時機を見て薩摩に逃がした。

6・7　幕府、第2次征長開始

6・17　長州の高杉晋作が小倉（福岡）藩の門司を襲撃し陥落する。龍馬は高杉と共にこの海戦を陸上から監督したというが、実際は陸上から観戦していたに過ぎないという説有。高杉は翌年の4月に肺病を悪化させ死去。（享年29）

7・24　⑭将軍・家茂、大阪城内で急逝（享年21）

9・2　勝が慶喜の命で、②征長の終戦交渉で広島へ

慶喜は勝を広島に派遣したものの、一転して朝廷から休戦命令を出させる。勝は面

目をつぶされたと辞表を出し江戸に帰った。これ以降、慶喜が江戸に逃げ帰るまで、2人は没交渉となる。

12・5　徳川慶喜15代将軍となる

12・25　孝明帝は岩倉具視らの陰謀により毒殺されたとする説があるが、現代医学的検証では、天然痘が原因とされている。

●慶応3年（1867）

1月　龍馬、長崎で後藤象次郎と初会談薩長同盟成立後、土佐藩では倒幕の気運が高まり、富国強兵策担当の後藤が龍馬との連携を図る。前藩主の山内容堂は、元来、尊王佐幕派で大政奉還後は、徳川（慶喜）十土佐連合で薩長を抑えることを目論む。

一方、西郷は容堂の上洛を要請し、朝廷工作に長《た》ける慶喜の独走を封じようとした。容堂を含む四賢候（土佐の容堂、宇和島・愛媛の伊達宗城《むねなり》、越前の松平春獄、薩摩の島津久光）会議を画策する。

4月　龍馬、土佐藩御用達の海援隊長となる。中岡慎太郎は陸援隊隊長に就任。海援隊は後藤象二郎の管轄下に入ったが、〝いろは丸〟が紀州（和歌山三重南部）藩船と海難事故を起こし龍馬が事故保障の交渉を行う。龍馬の死後に多額の賠償金を得る。この件での恨みが龍馬暗殺につながったとする説有。（紀州藩士・三浦休太郎―京都・天満

屋襲撃事件)

5月　四賢候会議頓挫

兵庫開港、長州処分問題でも、⑮慶喜の弁舌巧みな朝廷工作を許し解散

6月　在京の龍馬、西郷・大久保・小松、後藤らが大政奉還の盟約を結ぶ(薩士同盟)。

龍馬は後藤と共に長崎から京都に渡航中、後藤に大政奉還策を講じる。これが〝船中八策〟だが、異論有。ただし、後藤が薩長に後れをとる土佐の起死回生策ととびついたのは事実で、それを形を整えて山内容堂に上申した。容堂は妙案と喜んだ。

9月　岩倉、西郷・大久保らが王政復古を立案する。この時点から岩倉が薩摩と結託して、朝廷内で倒幕から討幕に向けての工作を活発化した。

10月　山内容堂が大政奉還を幕府へ建白する。

元来、大政奉還は開明派の幕臣・大久保一翁や越前藩主の松平春嶽、その春嶽に招かれた横井小楠らがいち早く唱えていた国政改革案で、龍馬の発案ではなかった。

10・14　薩摩と長州に討幕の密勅下る。

同時に⑮慶喜が大政奉還の上表

慶喜の薩長の気勢をそいだ妙手で政権が朝廷に返上され、倒幕は不可能となった。

慶喜の決断に龍馬は感激したというが、慶喜の本音は、政権は体制整わぬ新政府では

手に余り、必ずや政権は自分に任せられると過信していたのである。

11・15　近江事件で龍馬暗殺される

京都河原町通蛸薬師下ルの醤油商・近江屋で龍馬、中岡が暗殺された（京都見廻組・佐々木只三郎）。

12・9　王制復古のクーデター

小御所会議で岩倉が山内容堂の失言をとらえ、一気に王制復古の宣言へ導く。徳川幕府は廃止され将軍職、京都守護職、京都所司代も廃止。鎌倉幕府以来の武家政権が終焉し王制に復古した。徳川家は一大名家となる。

●慶応4年（1868）※9・8明治に改元

⑮慶喜の突然の海路江戸への逃亡で鳥羽・伏見の戦いは惨敗し、続々と諸侯は新政府軍に帰順する。

それでも、旧幕府軍の脱走兵と榎本武揚、新選組の土方歳三らが箱館臨時政府を樹立し、一年強に及ぶ戊辰戦争を展開するも、時世は明治維新に傾き敗退した。

こうしてみると、京都が政治の首都となりわずか数年で徳川幕府が互解したことを思い知らされた。まさに動乱・駿乱の世で、よほど事実関係を整理しなければ、目紛しい政局の流れはつかむことはできない。

これが「幕末物は当たらない」というテレビや映画界のジンクスの一因だろう。登場人物が多士済々で相関図も複雑だから、一目見ただけではよく分からない。ある人物が意外な場面に登場し、大きな働きをしていたりする。たとえば、案外見落とされているのが勝海舟と島津斉彬の出会い。

安政5年（1858）3月に、勝は幕臣としてはまだ微臣だったが、幕命で軍艦・咸臨丸の船将として鹿児島の山川に入港した。実はこの鹿児島入りは、薩摩藩が琉球で行っている密貿易の実態を探るのが使命であった。

斉彬といえば西南雄藩の太守で、当時の諸侯随一の西洋通で、大胆な幕政改革を断行しようという実力大名。老中首座の安部正弘の信任も絶大であった。

対する勝はやっと非役の小譜組から脱し、長崎海軍伝習所の生徒監となったばかりである。当時の勝にとっては、たとえ幕命といえども、とても斉彬と対等に渡り合える立場ではなかった。

斉彬にしてみれば、勝に薩摩から琉球に巡航されては困る。しかし、斉彬の凄さは密貿易の実態を、微臣の勝に語ったのだ。勝はその率直さに驚き、後年、自分の如き微臣に薩摩の太守が秘事を腹蔵なく語ってくれた……と述懐している。

当然、斉彬は勝に自論の幕藩体制改革案を語ったであろう。国を開き、広く人材を活用して海軍力を高め、富国強兵する。勝はこれを聴き、幕臣でありながら幕府否定論者となったのではないか。斉彬はほどなく急逝したが、彼の遺旨は確《しか》と勝に引き継がれたのであった。その思いを勝の『勝海舟全集』の中に見ることができる。

――斉彬公はえらい人だったヨ。西郷を見抜《みぬ》いて庭番に用いたところなどは、なかなかえらい。おれを西郷に紹介した者は、公だよ。

今日は順聖公順聖公（斉彬の諡《おくりな》）といって、世間で言い囃《いいはや》すが、その当時は世間で公の人物なることを知らなかった。私は公に面会もし秘密の書面も数回往復したるにより、よくその人物を知って居た。前にも言ふ通り、私は早くより蘭人に就いて海外の事情を心得て居るから、私を近づけておかなければ不都合だと思ったのであろうか。たびたび書面の往復をした。公の事は大久保（利通）でさえもよく知らないが、西郷は庭作りで親しく公に接して居たから、よく知っていた――

勝―西郷―龍馬ラインの上に島津斉彬がいたということだ。さらに、その上に老中首座の阿部正弘がいた。〝もし、イフ、if〟は歴史には禁物とはいえ、斉彬と阿部が不可解な早逝をしなければ、幕末維新史は全く違った展開を見せたであろう。

勝と西郷はそれぞれ幕府、薩摩藩という堅固な体制内で改革を目指す過程で、幾度となく自らの立場を危うくした。その中で、したたかに時代の回天に寄与していった。だが、龍馬は明らかに違う。彼は武市がいみじくも評したように、土佐藩という既存の組織に治まらぬ男子であり、自由奔放に時世を泳ぎ維新の回天に貢献した、と司馬遼太郎は『竜馬伝』で礼讃した。

確かに龍馬は藩内の厳然たる身分差別を良しとせず脱藩したが、その後の志士的活動では薩長土という雄藩の後ろ楯なくしては何事もできなかったに等しい。海援隊にしても最初のスポンサーは薩摩であり、後に土佐の後藤象二郎が抱えたのだ。

龍馬は暗殺された時は脱藩を許され、海援隊長となっていた。だから、暗殺者探しに一番固執したのは土佐藩である。紀州藩を脱藩し海援隊隊員となった陸奥宗光《むつむねみつ》は龍馬に心酔していたから、暗殺の黒幕と思った紀州藩士の三浦久太郎を、京都の旅宿〝天満屋〟に襲ったが未遂に終わった。

思えば龍馬は重大な政局場面に、主役としてではなく傍役として登場する。二大功績とされる薩長同盟から船中八策を経ての大政奉還にしても、言われるほどの働きはしていなかった、と最近の研究ではされている。数年前、高校の歴史教科書から龍馬の名前が消えるかも……と話題になったが、結局は残った。

言わば「機がまさに熟した」となると、龍馬は天性の商人マインドによって姿を現し、主に薩長間の周施に走る。龍馬がクローズアップされだしたのは、明治も終ろうとする頃からであった。それは薩長主導の政権に対する土佐閥の嫉妬からの巻き返しの感が強い。

土佐閥としては薩長の独走を許さず、政権中枢に食い込もうと、ことさら〝龍馬伝説〟を吹聴したと思われるのだ。日露戦争（明治37年１９０４）時に、皇后（昭憲皇太后）の夢枕に龍馬が立ち武軍を念じた、などが最たる例である。この逸話を広めたのも、土佐藩勤王党出身で陵援隊幹部となった田中光顕《みつあき》（後に明治政府の宮内大臣）で、彼は龍馬暗殺現場の近江屋に一早く駆けつけた一人であった。

明治の世となり、高杉晋助の〝パシリ〟のような存在だった長州の最下層武士の伊藤利助が大化けして博文となり、日本初の首相となった。その伊藤の第二次政権発足の際に、勝がお得意の揶揄《やゆ》をした。勝の明治に入っての回顧談は誇張や記憶違いもままあり、すべてを額面どおりに受け取ることはできないが、一貫して新政府の高官達には辛辣である。勝は彼らを一国の危機に際してブレずに外交に当たり、国益を死守するためには身体を張るという気概など持ち合わせていなかった、と言っている。

龍馬や桂、大久保も岩倉も本質的に〝畳の上の政略家〟であった。彼らは白刃や銃弾が飛び交う戦場に臨んだことはない。西郷は禁門の変で、足に被弾しながらも奮戦したが、以後は「もう戦はご免だ……」となり、政略の人となった勝は数多くの政争の場に自ら臨んだが、自ら戦場に出たことはない。

ここまで幕末情勢を再考し、龍馬の維新に果たした役割が暗殺にどう結びつくのかを探ってきたが、容易に答えは見えてこない。「誰が暗殺を命じたか」は、やはり実行部隊が京都見廻組だったという仮定からでしか推論できないと思う。

唐突に結論を述べるが、

「暗殺指令を出した諸候はいなかった」

「暗殺は京都守護職・公用方の手代木《てしろぎ》直右衛門が、実弟の京都見廻組与頭の佐々木只三郎に命じた」

つまり、この暗殺は幕府のしかるべき筋から出た指令によったものではなかった、ということだ。ただし、私の推論には大きな弱点がある。2人の証言者の供述を、ほぼ信じていないからだ。まず、〝龍馬を斬った男〟とされる今井信郎の明治30年（1900）の雑誌インタビューに応じた証言。それは暗殺から30年強もたってからもので、どうしても何らかの作為を感じざるを得ないのである。

——自分は見廻組では新参者だったから、なぜ龍馬をやらなければならないかはよく分からず、佐々木只三郎の指図に従ったのだ。その佐々木が誰からの命令を受けたのかも知らなかった。

旧幕府では、幕府からの命令をお差図と言ったから、その筋からの命令であったのではないか。見廻組は京都守護職の配下であったから、松平容保からのお差図で暗殺が行われたのであろう――

この今井の見廻組は守護職の配下――というのは、いささか実情とは異なるのだ。つまり、今井は見廻組が老中の支配下にあったことを知らなかったと思われる。松平容保（会津藩）の私兵というべき存在になった浪士隊の〝新選組〟は、まさしく京都守護職の支配下となった。

しかし見廻組は幕臣隊であり、任務に支障をきたす場合には、一応、守護職や所司代と協議するものの、最終的には幕府老中の方針に従うとされていたのである。従って、容保からのお差図の可能性は極めて低いのだ。しかも、今井は佐々木が誰からの命令を受けたか知らないと言っているのだから、佐々木の口から容保の名は出なかったということ。

もう一人の証言も、容保が暗殺を命じたことを暗示しているのだが、これもいささか信憑性に疑問が残る。この証言者が、佐々木只三郎の実兄で会津藩士の手代木直右衛門。証言は、明治末年に山陽新報に掲載された手代木の伝記の中に出てくる。今井と同様、暗殺時からやはりかなりのタイムラグがあり、そこに何らかの作為を感じてしまう。

見廻組よりも約1年早く、容保が京都守護職の任に就いた際、会津藩・公用方の実質的な主任となったのが手代木である。政局激しく揺れる京都政界で、他藩との外交や尊攘急進派の動向を探るのが任務となった。手代木は江戸留守役を務めた能吏で、その名は京都政界で知れ渡り、新選組との関係も密であった。

だが、手代木は維新後に賊軍会津藩首脳であったとして、不遇の日々を送る。といっても、なぜか新政府はかれを微罪で許し、四国や岡山の地方官史を務めさせたが、会津藩公用人当時の威勢を取り戻せるはずもなかった。ある意味、失意の内に明治37年（1904）に79歳の波乱の生涯を閉じたのである。ブリキ屋の隠居渡辺篤（一郎）の告白と、心理的にどこか酷似しているではないか。

手代木は語った。

――坂本を殺したのは弟の忠三郎だ。坂本は当時、薩長間の周施に動いており、土佐も倒幕派に変えた。そのことが幕府の怒りをかい、某諸侯からの命令を受けて、蛸薬師の坂本の隠れ家を襲ったのだ――

私がこの言で問題だと思うのは、手代木が容保を暗示したとされる〝某諸侯〟という表現を使ったことだ。手代木にとって容保は某諸侯どころか、紛れもない絶対的な主君である。従って、諸侯とは自分の尊敬する容保ではない、ということを言外にほのめかしたと思うのである。

それに守護職の所司代の微妙な関係も影を落としているのではなかったか。天誅はびこる京都の治安回復に抜群の働きを見せたのは浪士隊上がりの新選組で、幕府特設の守護職でも従来の朝廷と西国看視の所司代、その配下の見廻組ではない。

元来、徳川幕府では朝廷と西国大名の動静を直視する任は、京都所司代が負っていた。所司代は、代々普代大名から選任された幕閣のエリートである。奏者番から寺社奉行、大阪城代を経て就任するのが常であった。その反面、全くの官僚体質であり血生臭い政争の地と化した京都の治安を正常化するには非力で、ほとんど機能不全に陥っていた。

慶喜の回顧によると、そもそも京都諸所司代は位が高くとも小禄の大名で財力、兵力とも乏しいから、その機能を助勢するために設置されたのが京都守護職であるという。

しかし、有力候補の諸侯のことごとくが、動乱の京都への駐屯を尻込みし、最後に松平春嶽の強い説得により、会津の貴公子・松平容保が藩主として、遠く陸奥から精鋭の家臣を引き連れ京都守護職に就任した、というより〝させられた〟のである。

さらに、京都所司代に容保の実弟・松平定敬《さだあき》が就き、（桑名・三重藩主）幕府最後の所司代となった。つまり、幕末最終局面で松平兄弟が王城の地・京都の護衛者となったのだ、だが、幕府従来の所司代と新設の守護職の間には微妙な反目があり、龍馬暗殺に影を落としたと思う。

▲京都守護職（新）

・会津藩（松平容保）―新選組

▲京都所司代（旧）

・桑菜藩（松平定敬）―見廻組

元明元年（1864）6月5日の〝池田屋事件〟の活躍で、新選組は一躍脚光を浴びた。一方の見廻組は志士や浪士狩りで目ぼしい成果を挙げられず、存在感を示せなかった。佐々木は会津藩士の子として生まれ、後に江戸の旗本の養子となった幕臣で、ことのほか幕府への忠誠心に富んでいる。

〝敬幕〟という点では新選組の近藤や土方と同じだが、幕臣の常として浪士隊の新選組への蔑《さげす》みが佐々木にあったであろう。しかし、天誅吹き荒れる京都では、新選組の活躍ばかりが目立ち会津藩が頼りとし、幕府さえ手当てを出しているではないか。このままでは見廻組がかすむばかりだ……

そんな焦燥感にさいなまれている時に、坂本龍馬の潜伏先が判明し、見廻組にもたらされたとしたらどうであろう。私はその情報はまず会津藩公用人の手代木に入ったのではないかと思う。それをなぜ新選組に伝え、彼らを使わなかったのか。当初こそ暗殺は新選組の仕業と疑われたものの、後日、新選組はこの件に関しては全く蚊帳の外に置かれていたことが判明した。手代木にしてみれば情報を得ても、新選組を使いづらい事情があったのである。

容保は会津藩主で、藩祖・保科正之②将軍・徳川秀忠の庶子）の家訓を厳守していた。それは、会津藩は徳川の世が続く限り将軍の命には無条件で服従せよ、というもの。その⑮将軍となった慶喜に容保は振り回され、決して2人の相性はよくなかったが、慶喜は龍馬が画策したという大政奉還に乗る気となり、在京の幕閣に対して申し渡したという。「龍馬は志士というが、唯一徳川温存を図っているというではないか。手をつけてはならぬ……」

そうなれば、容保はたとえ慶喜と肌色が全く合わぬといえども、会津藩家訓からして、龍馬暗殺を指令することなどあり得ない。従って、守護職の実質的な運営者の手代木が、新選組を使い龍馬を抹殺させることはできないのである。

とはいえ、手代木にとって大政奉還は絶対に呑めなかった。これははっきりしている。幕府の守旧派（在府の）幕閣と同様、会津藩にとってそれは禁じ手であり、政権を幕府が手放せば薩長の独走を許し、さんざん彼らの野望を取りつぶしてきた会津藩はパージされることが目に見えていた。

だが、時代の回天はいかんともしがたく、西洋列強の外圧から皇国日本を守るには、政権は徳川独占では持たないことが明白になってきた。外様大名や朝廷をも包摂《ほうせつ》する抗議政体を確立し、全国的な政治統合をしようという大政奉還こそが、唯一の選択肢となったのである。となれば幕府はむろん、京都所司代や守護職も廃止されよう。事実、王政復古のクーデターでそうなった。

在府（江戸）の幕閣連にしても、京の慶喜が自分達をないがしろにし、まさかの大政奉還を上奏してしまった。雄藩連合による公議政体というが、その実態は薩長による朝廷を懐柔した政権奪取ではないか。そうはさせじと、守護職や所司代、新選組、見廻組を使って尊攘志士・

浪士の取り締まりを強化させたのだ。

ところが、将軍・慶喜は大政奉還しても自分が公議政体のトップに立てると過信していたのではないか。その絵図を描いたのが、土佐脱藩の一介の浪士・坂本龍馬という〝御調子者〟であるという。自分達の既得権益を失う大政奉還を絶対に認めたくない守旧派の幕閣の誰かが、龍馬暗殺を命じ、慶喜に無言の圧力をかけたとする説がある。一見、ありそうな説だが、やはり命令系統に矛盾がありそうだ。

正式な命令だったとすれば、幕閣（たとえば大目付や目付）から守護職か所司代—見廻組（佐々木只三郎）に、ということになる。慶応2年（1866）の1月23日に起きた〝寺田屋事件〟は、伏見奉行所が多勢で、龍馬の潜伏先の船宿・寺田屋を襲った事件である。町奉行は従来、所司代の支配下にあったから、この件には守護職は関与していなかったと思われる。もしそうだったら、新選組を派遣したはずだ。

幕府の諜報活動は精密を極めていた。京都でも同じく、町奉行所の同心や輩下の目明かし、岡っ引き、町人などを通じて、かなり精度の高い反幕勢の情報を収集していたのである。そもそも、寺田屋事件は薩長同盟成立の翌日に起こったのだが、これは単なる偶然とは思えない。本当に幕府側はかつての仇敵同士の薩長が同盟する、という情報を全くつかんでいなかったのか……。

当時は京都を追放された長州勢の巻き返しが盛んとなり、薩摩といつしか土佐も加わって倒幕が現実となりつつあった。従って西郷・大久保・桂ら藩を背負う大物志士達の活動も表面化してきたが、彼らには藩論の統一という制約がある。もはや倒幕は一部の浪士や志士らの結束では達成できない、と彼らは自覚していたのである。西南雄藩の軍事、経済力を持ってしてこそ事は成る。

幕府方が彼ら大物志士を検挙すれば、対薩長と真正面からぶつかる戦争に発展する、という恐れを慶喜ら在京の幕閣達は抱いていた。それは幕威衰退著しい現状で避けたい。

だが、薩長間を周旋し土佐までも大政奉還に導こうとしているのが土佐脱藩の坂本龍馬と知り、浪士の龍馬ならすぐにも検挙できると幕府方は思ったのではないか。まして、龍馬は当時京都に集まる不逞浪士の元締めの如く喧伝《けんでん》され、その行動はますます怪しい。このままにしてはおけない。

所司代が配下の町奉行などを使い、龍馬の行方を追っていたところに、伏見奉行所から龍馬が船宿・寺田屋に入った、という情報がもたらされたとしたらどうであろう。この時点では薩長同名成立の件はつかんでいなかったかもしれない。だが、そこに龍馬がいると分かれば、伏見奉行所の捕吏（同心ら）が大挙して寺田屋を囲んだのは必然であったろう。

ところが急襲に失敗し、逆に龍馬は高杉晋助から譲り受けた６連発銃で、捕吏数名を殺傷したのである。これで龍馬は幕府から殺人犯として追われる身となった。伏見奉行所や所司代の龍馬に対する憎悪が深くなったと思う。現代でも〝警官殺し〟の捜査は警察の威信をかけて大がかりのものとなる。

龍馬は辛うじて寺田屋を脱し、近くの薩摩藩邸に逃げ込んだ。これを西郷が京都藩邸に引きとり、時機を見て龍馬を鹿児島に逃がした。この間、慶応2年（1866）12月5日に徳川慶喜がついに第15代将軍となる。慶喜は大政奉還に乗り気で、結果的に龍馬が保護される形となり、一端、幕府方の龍馬探索の術が途絶えた。

そして、慶喜がついに慶応3年（1867）10月14日に大政奉還を朝廷に上奏した。江戸の幕閣の怒りと焦りは頂点に達し、将軍慶喜は幕府を薩長に売り渡し、自分一人が公議政体などという絵空事の頂点に立てると過信している。

それもこれも絵図を描いたのは、坂本龍馬という一介の浪士ではないか。しかも、彼奴《きゃつ》は伏見奉行者の捕吏を殺したお尋ね者で、近々不逞浪士を千人ほども集め何事かを企んでいるらしい。もう捨ててはおけぬ……。

そんな思いから、龍馬暗殺は守旧派のある幕閣が、配下の京都見廻組に命じた。見廻組の与頭の佐々木只三郎といえば、かつて新徴組の曲者・清河八郎を苦もなく斬殺した使える男だ。佐々木にやらせよう……。

この説の最大の弱点は、幕閣の誰かというのが在府（江戸）か在京かを明らかにしていない点である。当時の江戸と京都の幕閣連の間で、情報の共有は全くなされていなかった。おそらく、龍馬の実態は正確に江戸の幕閣には伝わっておらず、入ってくる情報は風評の類が多く、龍馬は現代で言えば野党間をつなぐ政商のような存在ととらえていたのではないか。

寺田屋事件の後、龍馬は西郷の手配で薩摩にしばし逃れ、手指に負った傷も癒えて京都に戻り、薩長同盟に向けて動き回る。度々身の危険を知らされながらも、慢心からか身辺警護を怠り京の街を好き勝手に動いた。伏見奉行所や見廻組は、龍馬が京都に舞い戻ったと知り、案外たやすく龍馬の潜伏先を放った密偵達から〝近江屋〟、と知ることができたであろう。

司馬遼太郎は『竜馬がゆく』のあとがきで、暗殺指令者が幕閣の1人ではなかったか、という勝の日記を引いている。勝は明治3年（1870）4月15日付の日記で、暗殺の黒幕が榎本対馬守《つしまのかみ》（道章《みちあき》）ではなかったか、と暗示した。

この榎本は、あの箱館臨時政府の榎本武揚《たけあき》とは全くの別人である。元一橋家（慶喜）の目付から、慶応2年（1866）8月に幕府目付となって、龍馬暗殺時は在京していた。そして、彼の上司が幕府大目付の松平勘太郎。その松平が暗殺を指令したのは、部下の榎本対馬守だったかもしれない、と勝に語ったという。勝の日記の口語訳によると、

――佐々木や今井による暗殺は上からの指示によるものだろうが、その指図をしたのが何者か

はわからない。（命令系統からいえば自分も含まれるが、もとより違うし）自分の下僚である榎本対馬守が関与しているかも分からない――

つまり、松平は詳細は承知していないと言っているのだ。しかし、今日からしてみると分かることもある。龍馬暗殺から数年を経た明治に入っても、暗殺を命じたのは誰かは謎のままだったということ。ただし、「佐々木や今井による暗殺は～」と名指ししたのだから、襲撃団は京都見廻組だったことは間違いないであろう。

さて、榎本対馬守（道章）と松平勘太郎はそれぞれ幕府の目付と大目付であった。幕府の役職では目付は若年寄の支配下で、直参の幕臣を監視する。言わば身内の監視役だ。大目付は幕臣ではなく、諸侯（大名）の看視を任務とする。現代でも～の「お目付役」などと言うように、要するに監視、監察のプロフェッショナルである。

そうしたことから、幕府の大目付や目付の誰かが龍馬暗殺指令を出した可能性はなきにしもあらずなのだが、やはり疑念が残る。確かに榎本も松平も、暗殺当時は慶喜に従い在京していたと思うが、当時の記録にこの2人が反幕勢力の鎮圧に動いた、とする記述は全くない。第一、当事者の松平が、勝に何も分からないと言っている。

だが、寺田屋事件後に龍馬が土佐の実兄である坂本権平に、事件の詳細をつづった手紙を送り、その中で、幕府大目付が伏見奉行所に自分を殺せと命じた、と書いているのだ。これが事実とすると、薩長同盟成立時には在京の大目付は龍馬を「幕府の敵たる薩長間を周施する徳川家を危うくする輩《やから》なり」と、監視を強化していたことになる。

しかし、その後、龍馬暗殺に至るまでのおよそ1年10か月の間に大政奉還を経て、在京の幕閣達は慶喜の政略に翻弄され続けた。慶喜の意向に従わざるを得ず、彼らは龍馬に手をつけずらくなってしまった。京都における龍馬の行動監視の実際は、所司代や町奉行、守護職に委ねられていたと見るべきだ。

以上の観点からして、私は暗殺指令が幕府大目付や目付、まして江戸在府の守旧派幕閣から出たとは思えない。では、一体、誰から出たのか……。某諸侯でも某幕閣でもないとすると、誰だったのか。

私はこの指令は幕府正規のルートではなく、守護職公用人の手代木直衛門と実弟の見廻組与頭・佐々木只三郎兄弟による合作であったと思う。この兄弟２人で筋書きし、それを事後承諾してもらったのではないか。その背景には守護職＋新選組 vs.所司代＋見廻組という振興勢力と旧勢力の微妙な反目と、ライバル意識があったと見る。

見廻組の実行犯の一人だった今井信郎の告白では、当日の暗殺団は佐々木を含み7人いた。近江屋の龍馬と中岡のいる2階の部屋に飛び込んだのは渡辺吉太郎（実際は渡辺篤の可能性有）、高橋安次郎、桂準之助の３人。３人はいずれも京都所司代付剣術師範・大野応之助の門弟で、桂は京都所司代の与力であった。

このことからしても、見廻組は守護職よりも所司代と密接な関係にあったことが分かる。元を正せば、旗本八万騎があまりに保守的になり武芸を怠り、京の街の治安を回復する業務に機能せず、新選組が会津御預りとして誕生した。

その新選組が池田屋事件で活躍し実力を見せつけると、幕府がその対抗馬として若い幕臣の剣士を選抜して見廻組を特設した。ところが、思いのほど若く使命感に燃えた旗本の次男や三男坊は集まらなかった。

徳川への忠義を重んじる与頭となった佐々木は、「守護職―新選組に負けてなるものか」という思いが人一倍強かったであろう。そこへ龍馬襲撃のチャンスがやってきたのだから、起死回生とばかりに作戦を遂行したに違いない。

しかし、その佐々木只三郎も最後は鳥羽・伏見の敗戦の中で銃弾を浴び、見守る部下も数えるほどとなり死した。享年35歳。息を引きとる時、彼の心底に龍馬暗殺の効果を省りみる一瞬があったのか。おそらくなかったであろう。龍馬を亡き者にしても、すでに落日の徳川を止めることはできなかったからだ。

おそらく龍馬の潜伏先はむろん薩摩の西郷は知っていたであろうが、幕府方も守護職の公用人の大物・手代木にも、それは近江屋だとの情報はもたらされていたはずだ。守護職の実務の責任者は容保ではなく、手代木が取り仕切っていたのである。

すでに慶喜が龍馬作と言われる大政奉還に乗り政権を朝廷に返上したが、今だそれを代行するほどの実力は、朝廷にも薩長にもなかった。このままなら、徳川も会津も生き残れるかもしれないが、またしても龍馬が何事かを画策し、その上、多くの不逞浪士を京都に集結させ不穏な動きを見せている。

このまま龍馬を野放しにしておけば徳川の為に全くならないが、慶喜の思惑からして新選組を使うわけにはいかない。ここは我が弟の忠三郎を使おう……という手代木と佐々木の兄弟で立てた暗殺計画だったのではないか。計画段階で、2人はそれぞれの主君の裁可を受けずして独走し、事後に報告したと思う。

すると、今井や渡辺、手代木が松平容保からの指令だったことを匂わせる証言をしたことに矛盾が生じる。だが、3人ははっきりと容保の名は出していない。今井は家人に、龍馬を斬殺したことで、容保から長刀と褒状《ほうじょう》を授かったと言い残した。

だが、それは今井家に伝わる口伝で、肝心の褒状も長刀も現存していない。また、渡辺は見廻組与頭の佐々木の命に従った、と語った。その佐々木に命じたのは容保である、とする説を、今まで見てきたように私は全く信じない。あえて諸侯だとすれば、所司代の容保の実弟・松平定敬の可能性はある。多くの書では、見廻組は守護職の配下にあったとしているが、実態を見誤っていると言わざるを得ない。

佐々木は実質的に見廻組を監督していた所司代の定敬に、龍馬襲撃のプランの事前承認を得たかもしれないが、定敬から下命されたわけではない。それでも、龍馬暗殺後に実行犯に「よくやってくれた……」と定敬が、褒状を授けたことは有り得る。

結局、龍馬は大物志士としてではなく、伏見奉行所の捕吏を射殺した殺人犯で徳川に仇なす不逞の輩として、幕府の特別警察隊によって暗殺されたのである。死体に残された無数の刀傷からしても、襲撃犯の龍馬に対する憎しみの深さが分かる。

どうやら『竜馬がゆく』のフィクションを卒業して、私の龍馬感は大きく変わったようだ。

3　二人の烈婦——和宮と篤姫

幕末維新史に魅せられ、もう10年ほどになるだろうか。歴史を創ったといわれる数々の男達の物語を読んできた。ところが、徳川15代将軍の慶喜《よしのぶ》が背信の幕臣を置き去りにして、大阪からわずかの幕閣と共に江戸に帰還し、勝海舟が説いた恭順路線に従い謹慎生活に入った段になって、突如2人の女性が私の前に現われた。その2人は和宮後の静寛院と篤姫後の天璋院。

もしこの2人が落日の徳川将軍家にいなかったら、江戸の町は火の海と化し徳川家は抹殺されていたかもしれない。江戸無血開城と徳川家の存続は、決して勝海舟と山岡鉄舟や西郷隆盛ら男達の働きのみで成ったわけではない。しかし、和宮と篤姫の裏面工作は知られているとはいえ、その役割は男達ほど評価されていないように思う。

私もはるか昔、有吉佐和子の原作テレビドラマで、〝皇女和宮〟の名を知ったが、和宮の事績は全く知る由もなかった。今回、初めてそれを知り愕然《がくぜん》としてしまった。2人がそれぞれ将軍の夫が亡き後、落飾して静寛院、天璋院となっての葛藤など思いもよらず、和宮は偉かったが、同じく篤姫も偉かったと知る。

2人の歴史に翻弄された運命は、振り返るに充分価すると思うのである。篤姫は幕末随一の開明派の島津斉彬《なりあきら》の一門から養女となった。幼い頃から利発で知られ、斉彬の深慮遠謀からさらに右大臣の近江忠煕《ただひろ》の養女となる。公卿の養女として箔をつけ、13代将軍の家定の後妻として輿入れさせたのだ。その実現に向けて、近江家との折衝や大奥対策などを、斉彬は一切を西郷隆盛に一任した。その西郷に皮肉にも天璋院となった篤姫は、幕末最終局面で徳川家存続を懇願することになったのである。西郷は篤姫にとっては忠実な僕《しもべ》だったが、王政復古が成ると、徳川家にとっては最強の敵と化していた。

そもそも斉彬が篤姫を家定に輿入れさせたのは異論もあるが、私はやはり家定後の将軍を見据えてのものであったと思う。家定は肉体的、精神的にも欠陥が多く、ペリー来航以来の国難を荷う将軍とはなり得なかった。老中首座(今で言えば首相)の阿部正弘は西南雄藩の薩摩と連携して、次期将軍には床の間のお飾りではなく、英才の誉れ高い一橋家の慶喜を据えようと画策していた。

斉彬も異存はなく、阿部と共調し慶喜を家定の後継にしようと、篤姫を御台所《みだいどころ》(将軍の正室)として大奥に送り込んだのである。つまり、篤姫は斉彬から大奥対策のミッションを与えられたのだ。その大奥だが、徳川家祖の家康が設けたのではない。第2代将軍・秀忠時代にその原形ができ、3代家光の時に幕閣いや将軍さえ無視できぬ巨大な存在となったのである。

この時代、家光の乳母となった春日局《かすがのつぼね》が大奥で権勢をふるい、「大奥の創設者」と呼ばれるまでになった。

ところで、意外にも将軍の正室（正妻）の子が将軍となったのは家光だけだ。それ以外は側室の子や、尾張・紀伊・水戸の御三家か、田安・一橋・清水の御三卿、または三家・三卿以外の大名—会津松平家などの出身者である。

春日局が大奥の支配者となり、男子禁制（将軍のみ可）や夜間の出入り禁止などの慣習を確立させた。江戸城内を政務を行う「表」、将軍の生活の場を「中奥」、そして将軍の私的な空間を「大奥」に分けた。つまり、「表」は男達の世界で「大奥」は女だけの世界である。

大奥には常時300〜800ほどの奥女中がいて、細分化された職制と身分に応じて各自に部屋が割り当てられていた。その中での最高位は上臈《じょうろう》と呼ばれ、上臈には公家の出身者しか為れなかったが、一種の名誉職で御台所の茶の湯や生け花、香合わせの相手となった。将軍・家光の乳母から大奥の実力者となった春日局のような政治力は持っていなかったのである。

実際に大奥を支配したのは、〝御年寄〟であり〝お局さま〟とは御年寄の別称で、定員は7人とされていた。御年寄は老女とも言われたが、必ずしも老婆とは限らなかった。

そもそも、大奥は徳川将軍家が宮中の女官制度を模して創設したものであり、〝似非《えせ》御所風〟と言えるであろう。そこへ本家本元の皇室から時の孝明帝の異母妹・和宮が降嫁してきたのだ。その時、篤姫は家定が逝去し結婚生活2年弱で落飾し天璋院となっていた。家定の後継には市橋慶喜ではなく、紀州藩主といってもわずか13歳の徳川慶富《よしとみ》を、大老・井伊直弼の独断専行で家茂と改名し14代将軍とした。亡き斉彬の念願を篤姫は叶えることができなかったばかりか、斉彬まで不可解に急死する不幸が重なったのだ。これで天璋院の大奥における地位は低下したかといえば、かつての御台所としての威光はいささかも衰えなかったのである。

なぜなら、慶富が家定の嗣子《しし》・家茂となり将軍になったので、天璋院は形式上〝将軍の母〟となったからで肉体的に欠陥のあった家定との間に子を産むことのなかった天璋院は、家茂に我が子の如き愛情を注ぎ養育した。少年家茂も素直で明朗、誠実な人柄で天璋院を育ての母として慕った。

そのような大奥の状況下で、和宮が家茂に輿入れしてきたのである。しかも、和宮は泣く泣く政略結婚を承諾する条件の1つとして、大奥入り後もすべて〝御所風〟で通すことを挙げた。これは「現住所は徳川に移すが、本籍は皇室にある」と主張しているのだ。

和宮と天璋院の関係は、下世話に言うと「嫁と姑」だ。古今東西いつの世でも、嫁と姑には諍《いさか》いがつきものであり、それに御所風と大奥風の反目が加わったのである。これでは、和宮付きの女官と天璋院に従う奥女中たちの間で、暗闘が起きぬわけがない。

和宮が皇女として初の〝御台様《みだいさま》〟となり大奥入りした当初の天璋院との諍《いさか》いは、当人同士というより、女官と奥女中間の意地の張り合いの面が強かったのである。和宮は第120代・仁孝天皇の第8皇女で、異母兄の孝明帝から和宮という名を賜った。そして、わずか5歳で有栖川宮熾仁親王《ありすのがわみやたるひと》と婚約した、いやさせられた。

元来、孝明天皇は病的なまでのゼノフォビア—外国人恐怖症—であられたが、長州の望む倒幕の意志は全くなく、あくまで幕府を通じての攘夷を望んでおられた。その意味において、公武合体の最大の支援者であられた。

その意を酌み、岩倉具視《ともみ》が朝権の回復と攘夷を幕府に断行させる好機として、和宮降嫁を孝明帝に献策したのである。この時点での岩倉は公武合体論者だったのだが、幕末最終局面では一転して薩摩の黒幕として武力討幕を促した公家随一の寝技師である。

孝明帝は当初、岩倉の献策に有栖川宮との婚約を理由に同意されなかったが、最終的には時勢には抗しきれずに和宮の降嫁を承諾された。しかし、和宮は固辞する。それは有栖川宮との婚約が理由というより、御所育ちの身を東夷《あずまえびす》の地にさらす恐怖感によるものであったろう。だが天皇の勅諚には従わざるを得ず、最後の抵抗からいくつかの条件を付けたのだ。和宮はまだ16歳だった。

・大奥内でも、万事は御所の流儀に従う
・奥女中ではなく、御所の女官をお側付きとする

万延元年（1860）10月に孝明帝が和宮降嫁を勅許した。翌文久元年（1861）10月に和宮一行は、中山道を江戸に向かう。その行列は現代では想像もつかぬ大規模なものであった。史料によると警備に29藩が動員され、沿道では住民の外出や商売も禁止となる。さらに、行列を高見から見物したり、鳴り物も禁じられた。幕府の威信をかけた一大警備体制が敷かれたのだ。

そうした中をほぼひと月かけて、和宮一行は11月中旬に、江戸城内の清水邸に入った。そこで、またひと月を送り12月初旬にやっと大奥に入ったことからして、この間に和宮と天璋院の大奥側とで、様々な葛藤があったことが察せられる。

それほどまでに、徳川将軍家へ皇女が輿入れするということは、空前絶後の大事であったのだ。それを象徴するのが、和宮と家茂の婚儀はさらに年明けの2月まで待たなければならなかったこと。しかも、それまでの徳川13代までの将軍たちの婚儀とは一線を画したものであった。

つまり、和宮が将軍よりも格上の内親王という地位で降嫁したからである。形式的には和宮が主人で、家茂は客分という立場で挙式されたのだ。これは、天璋院にとっては屈辱ではなかったか……。彼女は将軍の育ての母で大奥の支配者となったとはいえ、皇室の権威には遠く及ば

ないのか……。

和宮と天璋院のファーストコンタクトにおいては、女官と奥女中たちと同じくわだかまりが生じていたのである。しかし彼女らが傑出していたのは、そのわだかまりは徐々にとけていき、ある事を境に2人は互いを慈しむまでになった。

ある事とは慶喜の助命嘆願であった。いや、慶喜の助命ではなく、徳川家存続への嘆願と言った方が正しいであろう。それは2人がそれぞれの立場で、江戸侵攻を図る新政府軍に送った直筆で長文の嘆願書を見れば明らかだ。天璋院は島津家の寵臣であった西郷隆盛宛にしたためた。

――私の一命に賭け、ぜひお頼み申し上げることがございます。慶喜はどのような天罰を命ぜられてもやむを得ません。ただ徳川家だけは大切は家柄ですから、安堵されますよう心を込めてお頼みいたします――

和宮は亡き母の実家で、自分が育った公卿の橋本家に書き送った。

――これまで慶喜は重ね重ねの不行き届きがあったのですから、いかようにも罰してください。けれど徳川家の家名だけは存続できるよう、幾重にもお願いいたします。――

これを読み「徳川慶喜こそ、明治維新の最大の功労者である……」などと、」奇説を放つアカデミアは、どう慶喜を祭り上げるのか。天璋院と和宮は共共、慶喜はいかように罰しても結構だ。それよりも、徳川家はなんとしても存続させてほしい、と訴えているではないか。

それほどまでに、英才を鼻にかけ朝令暮改を繰り返した将軍・慶喜に2人は嫌悪感を持っていた、ということである。本来ならば、天璋院も和宮も政略結婚で公武合体を促進するために徳川将軍家入りしたのだから、将軍・慶喜を疎《うと》ましく思う道理はないはずだ。だが、慶喜は徳川将軍・棟梁としては、あまりにも異色すぎた。

2人にしてみれば、義父の斎彬と義兄の孝明帝が望んだ公武合体をないがしろにし、慶喜はその場限りの対症療法に終始した。結局、将軍としての重みを欠き、薩長による討幕を許してしまい、自分は敵前逃亡で海路を使い江戸に帰還した。只今は死の恐怖に怯えるインテリ懦夫に化しているではないか。

そして、今や自分の助命嘆願のとりなしを頼んできた。その慶喜は1月12日に江戸城に入り、すぐさま天璋院に面会を求め鳥羽・伏見の戦いの経緯を説明した。さらに和宮への謁見を願い出たが、天璋院は即答を避けた。

当時の江戸城内は、慶喜が勝海舟らの進言に従い、上野寛永寺で謹慎生活に入ると誰も登城しなくなった、と紀州藩主が日記に書き残している。徹底抗戦派の筆頭であった小要忠順《ただまさ》(上野介《こうずけのすけ》)は、早々と慶喜が罷免してしまった。

となると、江戸城内にはほぼ大奥の女性たちしかおらず、そのトップである天璋院が男たちにかわって、徳川将軍家の差配をしていたも同然である。なお、小栗は戊辰戦争で上州(群馬)

の権田村で新政府軍によって斬首された唯一の幕臣となった。彼以外の幕臣や諸候の誰1人として命を奪われた武士はいない。いたのは会津藩などの大藩の家老が、藩主の身代りとなり切腹したのである。

なぜ、天璋院が慶喜が望んだ和宮への謁見を即答しなかったかには諸説があるのだが、やはり、慶喜の自己弁護が過ぎたからではないか。また、和宮にしてみても、亡き夫の家茂は第2次征長時に自ら大阪城に入り前線に立とうとした際中に、持病の脚気《かっけ》が悪化しわずか20歳で急逝してしまった。

同じ歳の和宮は未亡人となり、落飾して静寛院として慶喜を迎えたのである。その慶喜は家茂の誠実さのかけらもなく、自ら出陣する決断、度量もなかったではないか……。和宮の心境はそのようなものであったろう。

天璋院も決して慶喜を心よく思ったわけではないが、度量の広さを見せた。結局、彼女は和宮を説得し、慶喜と面会させたのである。

ここにも2人の共通の思いが見てとれるのだ。慶喜の処分はいかようにも新政府軍に任せ、それよりも徳川家の存続を優先させるという思いである。その思いを各自のルートで書き送り、新政府軍の江戸侵攻に待ったをかけたのである。

天璋院は実家の島津家や西郷に宛てて、切切と将軍家存続を訴える手紙を書いた。

――女の私は無力ですが、徳川に嫁いだ以上は徳川の土となり、この家が安全にながらえることを願ってやみません。私の一命にかけ、なにとぞお頼み申し上げます。――

一方、和宮は慶喜が朝廷に出そうという嘆願書に厳しいクレームをつけ、冗舌な弁明は一切必要なしとした。さらに言葉遣いにも駄目出しをし、書き直しも命じた。また、自らも朝廷に向けての手紙を書き、それを亡き母の実家で自らを養育してくれた橋本家に宛てて出したのである。

――徳川家が後世まで朝廷の汚名を残すのは、残念でなりません。なにとぞ、家名が立ち行きますよう、命を代えてお願い申し上げます。もし官軍を差し向け、徳川家をお取り潰しになさるなら、私も覚悟がございます――

慶喜が江戸城に入り天璋院、和宮に助命嘆願を望んでから、4月11日の江戸城無血開城までのわずか3ヵ月ほどの間に、天璋院と和宮は独自の立ち場で様々な工作をした。それを整理してみよう。

1・12（慶応4年　1868）

慶喜、江戸城で天璋院に和宮との面会を望む胸を伝えるが、天璋院は即答を避ける。城内では徹底抗戦派の小栗上野介と恭順派の勝海舟らが対立していたが、慶喜は勝の恭順路線を採り、小栗を罷免した。

1・15　慶喜は天璋院の仲立ちで和宮と面会したが、和宮は助命嘆願よりも朝廷への謝罪の件を認め、謝罪文の書き直しを命じる。

と同時に、天璋院と和宮は2人して、それぞれの嘆願工作を始めた。天璋院は東征軍の実質上の参謀長となった西郷に隊長と呼びかけて、直筆の長文の手紙を書き送り、徳川家存続を訴えた。

和宮はお付き上臈の土御門《つちみかど》藤子を、仁和寺宮嘉彰《よしあき》親王へ嘆願の使者として差し向ける。仁和寺宮は征討代将軍となっていた。また同じ、上臈の玉島を、東海道鎮撫総督の橋本実梁《さねやな》に嘆願の使者として送った。

2・15　和宮が5歳の時に婚約した有栖川宮熾仁親王が、東征大総督として進発した。

3・1　土御門藤子が朝廷の返書を持って江戸に戻る。返書では徳川家存続の御墨付は得られず、和宮は直筆の嘆願書を橋本実梁に託し、有栖川宮に読んでもらえるように依頼する。

3・5　勝海舟が幕臣旗本の山岡鉄舟に西郷との面談を託し、手紙を持たせた。手紙には、「慶喜の恭順の意を解さぬ士民が決起した場合、こちらの統御の術が無く、和宮様の尊位は保ちがたい」との記述がある。これは明らかに勝が和宮を人質としてとらえ、それでも江戸に侵攻するのか……という西郷に対するブラフである。しかし、和宮が大奥を動かなかったのは、天璋院と図っての意志であり、勝の助言に従ったわけではない。

3・9　勝の使者となった山岡は、駿府（静岡）で西郷と面談した。西郷からいくつかの条件をつけられたが、徳川家存続の内諾を得る。

3・13　山岡と西郷の交渉結果を受けて、勝は芝高輪の薩摩藩邸で、西郷と停戦交渉の会談をした。勝と西郷の会談はこの時と、幕末の大阪でのと2回しかない。

3・14　勝は山岡が西郷から提示された諸条件を承諾し、翌日に予定されていた新政府軍の江戸城総攻撃を、辛うじて回避することができた。

3・18　和宮は江戸城内の徳川家の家臣たちの動揺を抑えるべく、重臣たちを集めて、次のように自重を促した。――ただ神君（家康）以来の家名が立つよう心がけ、謹慎を続けるように――

4・7　和宮は江戸城内の清水邸へ、天璋は同じく一橋邸へと、大奥から退いた。なお、天璋院は大奥を去る際、ぼうだいな身の回り品のほとんどに手をつけず、わずかな着換えと化粧道具だけを持ち出したという。

一方、和宮は大奥を離れ難く、最後に大奥を出た。

4・11　江戸城無血開城の接収に当たったのは、和宮のかつての婚約者・有栖川宮熾仁親王であった。彼は東征大総督として、新政府軍を率いていた。開城の後、徳川家相続人として田安亀之助が指名され徳川家達《いえさと》となり、後に明治政府の貴族院議長を務めた。家達は明治4年（1871）に廃藩置県で静岡藩知事を免じられ東京に戻り、天璋院と千駄ヶ谷の屋敷で暮らした。ただし、当時彼はまだ8歳で、天璋院が家茂の時と同じく育ての親となる。なお、徳川宗家は今日まで相続されている。

慶喜の江戸帰還から江戸城無血開城までの慌ただしい日々を振り返って、明らかなのは天璋院と和宮の裏面工作がなければ、勝と西郷の働きもなかったということだ。古代の大和朝廷の時代から、日本国ではいかなる覇者も朝廷を無視して覇権を握ることはできなかった。王者である天皇を超えようとしたのは織田信長しかいない。

明治維新といえども、結局は王政復古である。藩長、土は〝玉《ぎょく》〟（天皇）を掌中に収めたからこそ、〝官軍〟と自称し討幕を果たしたのである。その手品の1つに、それを証する〝錦旗《きんき》〟（にしきのみはた）の存在があった。そのフェイクと言ってもいい錦旗でも、一度掲げられると、徳川幕府軍は賊軍となることを恐れ、譜代藩の多くが新政府軍門に下った。もっとも賊軍と見なされるのを恐れたのが、水戸の皇国史観育ちの徳川慶喜であった。

しかし、官軍は政権を奪取したとはいえ、朝廷を含め国家運営の実力や経済力も乏しく、江戸には幕府の残党幕臣が多く、何やら不穏な動きを見せている。王政と名乗ったからには、頭に戴く朝廷の威光を保たねばならない。ところが、維新の志士たちのほとんどは下級武士の出で、朝廷との血縁を持つ者などいないに等しかった。

西郷でさえ、東征軍の参謀となったとはいうものの、勝との交渉結果は朝廷の指示を仰がねばならなかった。実は薩長は新政府の基盤を確立させるために、徳川家を取りつぶしたかったのである。西郷も京都を立ち勝との会談を持つ前は、本気で前将軍の慶喜を抹殺する気でいたのだ。

だが、それには朝廷の裁可が必要である。一方、朝廷にしてみれば、今だに江戸城内に亡き孝明帝の異母妹の静寛院と、右大臣・近江忠熙の養女となり家定の正室となった天璋院がいる。2人は必死の思いで朝廷に徳川家存続を切望する自筆の手紙を書き送ってきた。その思いを無にするような江戸侵攻ができようか……。

東征軍総督となった有栖川宮にしても、かつての婚約者・和宮—静寛院がいる江戸の町を攻めるのは忍び難かったに違いない。静寛院と天璋院は、2人して人質として大奥に居残ることで、朝廷に多大なプレッシャーをかけたのである。勝と西郷の江戸城無血開城に向けての伏線を張り、それが見事に功を奏したのだ。

慶応4年（1868）7月11日に江戸は東京と改称され、9月8日には明治と改元し、これ以後「一世一元」となり「皇位継承があった場合に改元する」という元号法が制定された。

そして、10月13日には16歳の明治天皇が江戸城に入り、江戸城は宮城となった。明治天皇は孝明天皇の第2皇子で母は中山慶子。明治天皇は和宮の甥になる。さらに翌年の秋には昭憲皇后も宮城に入る。これで京都からの遷都が成ったと思われがちだが、明治政府は遷都を正式に発表していない。いわばなし崩し的に東京が日本の首都となったのだ。

和宮はすでに前年に明治天皇と初対面しており、明治2年（1869）1月に東京を去った。7年ぶりに京都へ戻る際、亡き夫家茂が眠る増上寺を訪れ、天璋院にも別れの挨拶をしに行く。もう2人の間に何のわだかまりもなく、実の姉妹のような感情が流れていた。

和宮は京都で5年ほど過ごしたが、縁りの公家たちの多くが東京遷都で移住したこともあり、結局、明治7年（1874）7月に東京に戻る。東京では、家茂が眠る増上寺がよく目に入る麻布市浜松町の屋敷に入った。そこで天璋院や徳川一門らとの交流を楽しみ、穏やかな日々を送ったという。

だが、この頃から家茂の死因ともなった脚気《かっけ》を患い体調を崩しがちになり、転地療養を勧められる。明治10年（1877）8月に箱根（神奈川）・塔ノ沢の旅館に湯治滞在した。ところで、脚気は現代では全く死病ではなくなったが、当時は〝江戸患い〟と呼ばれるほどの重病であった。

脚気はビタミンB1不足や、糖質の過剰摂取が主な原因とされる病である。日本人はかつて玄米を主食としてビタミンB1を自然に補給していたが、それを含まない白米が主食となってから脚気の発症が多くなる。当時の江戸では、地方とちがって白米を食べる人が多かったので、江戸患いと呼ばれたのであろう。

ちなみに和宮も家茂も大の〝甘党〟であったことが知られている。しかし、大奥で女官たちが和宮に食生活の改善を促すことなど考えられないから、和宮もビタミンB1不足から栄養失調に陥り、手足のむくみが生じた。

塔ノ沢での湯治当初は、症状の改善も見られ快方に向かったかと思われた。ところが、ひと月ほど後の9月に入って、にわかに症状が悪化し、あっという間に亡くなってしまう。享年32歳と、あまりに若い死であった。

皇族の葬儀は本来神式だが、和宮は遺言で「将軍のお側に……」と残し、増上寺で仏式の葬儀を新政府が営み、遺骸を14代将軍・家茂の墓の隣に埋葬した。

そして、その3年後に天璋院は箱根を訪れ、和宮のありし日を偲び涙にくれたという。その哀切の思いを日記に記した。

――塔ノ沢で宮様が亡くなられた宿を見た。懐かしさで胸がふさがり、涙が袖をしぼるほどあふれてくるのを抑えることができなかった――さらに、和宮を追悼する詩を詠んだ。

──君が齢とどめかねたる早川の水の流れもうらめしかな──

天璋院にしてみれば、２人共に政略結婚で徳川に嫁いだ身で、最後はわだかまりを解き徳川家存続にお互い一身を賭けた同志となった。天璋院には過去の姑と嫁などという感情はもうなくなり、愛する実の妹を失ったような寂寥感に襲われたのであろう。

その天璋院も、6年後の明治16年（１８８３）に、享年47歳で世を去った。彼女は維新後、結局、一度も薩摩に帰ることなく、徳川将軍家の御台所（正室）としての生涯を貫いた。遺体は亡き夫、家定の寛永寺の墓域に葬られた。天璋院と家定の結婚生活は決して恵まれたものではなかったが、最後は家定の傍に眠ったのである。和宮は増上寺で家茂の傍で眠っている。そういう意味では、２人ともかつての将軍の妻として安らかな眠りについたのではないだろうか。

さて、最後に今日なお、というより永遠に解けぬ謎であろうハガキ大の写真について触れたい。それは増上寺の和宮の棺内に入っていた。その写真には直垂《ひたたれ》姿の若い男性が写っていたのだが、保存に失敗し一夜にして只のガラス板と化し、それが誰を写したものか分からなくなってしまったのである。

一説では、かつての婚約者の有栖川宮熾仁親王ではないかとしているが、これは妄論としか思えない。どうしてこんな説を吐くかといえば、家茂と和宮には愛情乏しく2人は不仲であったと決めつけているからだ。彼らは和宮が輿入れした当初の天璋院との対立を、過大に重視している。

確かに歴史は各人の解釈によって、いかようにも定義できてしまう。しかし、一級史料で裏付けされた史実を踏まえずに、勝手な自己解釈は許されない。各種の信頼すべき史料によって、和宮と家茂の仲は睦まじかったことが立証されているのだ。

2人の間に子ができなかったことで、側近たちは将軍家の血を絶やさぬために、家茂に側室を持つよう進言したが家茂は耳を貸さなかった。また『静寛院宮御側日記』では和宮自らが家茂に、

――ご上洛（家茂3度目）のあいだ、このお蝶をわたくしと思ってご寵愛ください――と、申し出たことが記されている。家茂は第2次征長の際、3度目の上洛を強いられて大阪城に入り出陣しようとした。だが前述したとおり、慶応2年（1866）7月20日に急逝してしまう。徳川15代将軍の中で、軍陣で息を引きとったのは家茂只1人である。彼は落日の徳川を13歳から20歳まで将軍として誠実に重責を務め、最後は力尽きた。その姿に何かとうるさい勝海舟も、絶大な信頼感を明らかにしている。

そんな夫を持った和宮は政略などに関わりなく、家茂を深く愛するようになっていった。不仲など全く有り得ないではないか。さらに、家茂は家臣からの人望も厚く、様々なエピソードが伝わっている。その1つに、老幕臣の戸川安清の述懐があり、いかに家茂が優しい心の持ち

主だったかが分かろう。

戸川はもう70を越えていたが、家茂の書の指南役であった。ある時手習いの指導中に、うっかり粗相をしてしまった。その時、家茂はとっさに戸川をめがけ、墨をするための水をかけるいたずらを装ったのである。そして、――もう今日はこのへんでよしにして、残りは明日にいたそう……――

もちろん、それは将軍の前で粗相をしたことで、戸川が罰せられないように、家茂が気転を利かせたのである。あまりの心遣いに感激し、戸川は涙が止まらなかったという。そのような至誠の人を夫に持った和宮は、第2次征長で出陣する家茂に、凱旋した暁にはぜひとも「京の西陣織をおみやげに持ちかえってほしい」とねだった。

ただおねだりしただけではなく、夫の武運を祈願し御百度も踏んだ。もう皇室、武家の壁などなく、市井の若い夫婦と同様の情愛があるばかりであった。家茂の亡き骸が江戸にもたらされた時に、一枚の美しい西陣織が添えられていて、家茂が和宮の願いを叶えたことが分かった。

昭和30年代（1955〜）に、増上寺で将軍家の墓所の発掘調査が行われた。その際、和宮の棺から発見されたのが、前述した直垂姿の若き男性が写っていた写真乾板である。発掘者が保存に失敗して、一夜明けたら只のガラス板になってしまったのは、かえすがえすも残念だ。

しかも、それは和宮の遺骸の両ひじの間に抱かれており、いかに写真の主を思慕していたかが忍ばれる。それが有栖川宮熾仁親王だったあろうはずがない。その説を主張する者は、和宮が家茂に降嫁する際に婚約を解かれたからだという。

婚約したと言っても、当人同士に恋愛感情が芽生えていたわけではない。全くの皇室内の慣例のようなもので、しかも和宮はわずか5歳であった。2人は交際どころか、一度も会ったことがない可能性すらある。

何より和宮は遺言で、

「夫の隣に葬ってほしい」

と残したのだ。ちなみに将軍夫婦の墓が同列に並んでいるのは、家茂と和宮、家定と篤姫の2例しかない。これらの事実からして、写真の主は家茂であった、とするのが正論であろう。

実は発掘調査で、ガラス板写真の他にもう1つ謎の遺物が発見された。二束の毛髪で、こちらは家茂の内棺に収められていた。その毛髪の束については、細淵謙錠氏の『歴史の顔』に語ってもらおう。

——前述した発掘調査団の『徳川将軍墓』では、〈第一類〉は10〜16センチ〈大部分は毛髪と毛根を有して〉いる、やや褐色が混じった頭髪の束で、これは家茂の抜毛らしいと結論づけられ、〈第二類〉は〈日本刀または剃刀のごとき非常に鋭利な刃物で〉両端を切断された約27センチの頭髪の束で、しかも現在生存中の日本人の間にもまれなほどの〈美麗な光沢を伴なう漆黒の色調〉を有する髪の毛で、はじめは和宮の髪の毛だと思われたが、このとき発掘された和宮の遺体に属する頭髪と比較したところ、それはまったく別の女性のものと見なされ、結局〈それがいかなる人物であったかについては、現在われわれは全く推測する資料をもたない〉と結論づけられたのである。

つまり、家茂は自分の抜毛らしい髪の毛と、だれかわからぬ女性の髪の毛を抱いて埋葬されていた、ということなのである。

このミステリーについては、わたしは、第一類の〈家茂の抜毛らしい〉といわれた髪の毛こそ和宮の抜毛の束であり、第二類の鳥の濡れ羽色の髪の毛は、和宮が家茂最後の上洛に際して献上したてふ（蝶）の髪の毛であると推論し、現在もそれを信じている。家茂はその20年と2ヵ月の短い生涯で愛した2人の女性の髪の毛を抱いて、永遠の眠りについたのである。――

私はこれを持って、徳川第14代将軍・徳川家茂を決して悲劇の将軍とは思わない。

おわりに

当たり前だが今や誰も土方や龍馬、和宮にも篤姫にもインタビューなどできない。極論だが、「歴史は主観」で見るということだ。とは言え、史実を踏まえた先達《せんだち》の優れた知見を知らなければ、独断と偏見の史観になってしまう。

動乱の幕末史に魅せられて10年ほどになるが、きっかけは『世に棲む日々』を読み高杉晋作と吉田松陰に惹かれたからだ。その意味において、〝司馬史観〟に大いに影響を受けた一人だが、今はそれから徐々に離れ自分なりの史観が芽生え始めている。

現代はＩＣＴ……Information Communication Technology「情報伝達技術」が日々進化し、ＳＮＳ（Socialmedia）全盛の時代である。情報はパソコン、スマートフォンを駆使すればたちどころに手に入る。いくらアナログ派のシニアの身でも、〝グーグルする〟ことはできる。

確かに便利にはなったが、ちょっとタッチすると得られた情報は瞬時に消えてしまう。やはり、紙の資料は絶対に欠かせない。グーグルして、「これは！」と思った資料は必ずプリントアウトする。

すると、
「これはあの本に出ていたなぁー」
などと気付き、その本を再読することになる。この過程で気をつけるべきは読み放しではなく、該当する箇所に傍線を引いたり、書き込みをしたりすること。それを忘れぬ内にノートにとるなどをすること。

もう一つは、グーグルしているとどうしても情報過多になってしまうから、いらないと思ったものは「捨てる」こと。まぁ、ジャンクメールを削除する作業に似ているか。どの情報をとるかが、つまり自分の主観となって史観になるのである。ただし、自分が描こうとする人物像に沿った情報をとりがちになるのは、ある程度止むを得ないだろう。

幕末史では次から次へと大事件や大事変が起きた。龍馬暗殺にしても様々な説があり、どれを採るか大いに迷った。それらを一つ一つ精査し、資料を読み込んでいく内に主観が客観に変っていく。読み―調べ―書くことが流れ出したらしめたものだ。

ただし、市村鉄之助の日野行には参った。あまりにも資料が少なく、私論を組み立てるしかなかった。ところが、土方歳三遠縁で、土方資料館の館長を亡き母から引き継いで務めていた土方愛《めぐみ》さんのWEB上のコメントは見て驚いた。それは私の推論が全て否定される内容だったからである。

ある日、資料館を訪れた人から愛さんは信じられない情報をもたらされたという。

「土方が箱館から落としたのは市村鉄之助だけではなく、実はもう一人いたのです。渡辺市造という鉄之助と同じく土方の小姓で、私はその子孫なのです……」

しかも、市造は東京で鉄之助と別れ、その後の人生を人知れず川越で送ったというのだ。さいたま市に住んでいる身で、川越には何度もサイクリングして馴染み深い地だが、そんな言い伝えは一度も聞いたことがない。

さらに、愛さんによると鉄之助が土方家にもたらしたのは通説と違い、今日有名な洋装軍服オールバックの黒髪豊かな肖像写真と、「この者(鉄之助)を宜しく頼む」と記された書き付けだったと言うではないか。

私が目にした限りでは、この手の話しはどこにも出ていない。だからというわけではないが、私は一人説を採った。その理由は、市造が東京で鉄之助と別れ、日野まで同道しなかったというからである。もし、土方が大垣(岐阜)出身で関東に土地勘がない鉄之助に市造を付けたというなら、日野まで同道しなかったのはいささか不自然ではないか。私の脳裏には箱館から本土に渡り、そこから一人で苦難の徒歩旅を続けた鉄之助の姿が浮かぶ。

芝の増上寺の和宮と家茂の墓所にまつわるミステリーにはロマンが宿っている。私は2人が悲劇のカップルだったとは思えない。歴史の綾で、ほんのわずかな結婚生活であったとはいえ、

2人は愛情豊かにお互いを慈しみ合う夫婦となった。一夜にして単なるガラス板と化した写真の主は、家茂でしかあり得ない。

大奥という聖域は、これまで幾度も映画やテレビ、芝居で取りあげられてきた。しかし、どれも将軍を取り巻く奥女中達の愛憎劇に終始している。確かに、大奥は将軍の血を絶やさぬための生産工場だったとも言え、女だけの密室の世界では嫉妬、妬み、恨みがうず巻く世界ではあったろう。

だが、幕末末期の大奥での和宮と篤姫の働きは、そんな愛憎劇とは全く無縁であった。短期間ではあったが、2人は確《しか》と政《まつりごと》を行っていたのである。徳川家の存続を願う必死の工作で、その結果、江戸は穏やかに幕を降ろすことができたのだ。烈婦2人は、明治維新の女神となったと言えるのかもしれない。

参考文献

- 網淵謙錠『人物列伝幕末維新史』
- 網淵謙錠『歴史の顔』
- 大宅壮一『実録・天皇記』
- 楠木誠一郎『坂本龍馬74の謎』
- 瀧澤中『幕末志士の「政治力」』
- 河合敦『殿様は明治をどう生きたのか』
- 安藤優一郎『「幕末維新」の不都合は真実』
- 徳川宗英『徳川３００年ホントの内幕話』
- 海音寺潮五郎『幕末動乱の男たち（上）』
- 海音寺潮五郎『歴史余話』
- 司馬遼太郎『新選組血風録』
- 磯田道史『龍馬史』
- 徳川宗英『徳川四百年の内緒話』

参考文献

- 司馬遼太郎『燃えよ剣上・下』
- 相川司／菊池明『新選組実録』
- 邦光史郎『大奥の謎』
- 瀧澤中『「幕末大名」失敗の研究』
- 子母澤寛『幕末奇談』
- その他ＷＥＢ上の資料多数

【著者プロフィール】

網代栄（あみしろさかえ）

1951東京生。さいたま市在住。明治学院大学文学部英文科、ジャーナリスト専門学校卒。大学事務職員を経て、時事通信社運動部で編集補助。塾講師を経て1985年（昭和60）、大宮市公立中学校英語教諭。2012年より初任者指導教員の後、現在はスクールアシスタントとして岩槻の公立中学校で勤務。2013年より文芸社から著書出版。処女作は『五輪（オリンピック）私語り』で、前作は『等身大のスターたち』

土方歳三の焼き餅

2024年9月24日　初　版　第1刷発行

著　　者　網代　栄

発 行 所　ブイツーソリューション
〒466-0848　愛知県名古屋市昭和区長戸町4-40
電話　052-799-7391　FAX　052-799-7984

発 売 元　星雲社（共同出版社・流通責任出版社）
〒112-0005　東京都文京区水道1-3-30
電話　03-3868-3275　FAX　03-3868-6588

編集・
印刷・製本　弘報印刷株式会社出版センター

ISBN978-4-434-34558-6 C0020　￥1000E